国家出版基金项目

"十二五"国家重点图书出版规划

湖田窑

中国古代名窑系列丛书

彭　涛　彭适凡/著

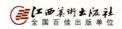

江西美术出版社

全国百佳出版单位

我国陶瓷历史悠久，古陶瓷深受世人青睐，国内外倾其毕生精力搜集、珍藏、探索和潜心研究者不乏其人。近几十年来，随着国家对文物研究和保护力度的加强，有关部门对一些历史名窑相继进行了一定程度的发掘与整理，所掘精品迭出不穷，弥补了古陶瓷鉴赏中历史资料之不足。一些古陶瓷研究与鉴赏中的难题，也随着第一手资料的获得，迎刃而解。不少文物专家、学者，穷其一生着力于一个窑口的探索与研究，也取得了令人瞩目之成果。

江西美术出版社从需求和可能出发，策划出版《中国古代名窑系列丛书》，以各窑系、窑口古瓷的鉴赏命题，约请各方专家著述，这对于系统介绍唐宋以来各名窑名瓷详情、弘扬传统文化，实为可贵。每部书稿资料翔实，论述周详，剖析精微，相形于时下众多泛泛而论的鉴赏之作，实为述而有纲，言而有物。垂注于古陶瓷的鉴赏者如能从一个窑系、窑口的研究出发，触类旁通，这也是古陶瓷鉴赏的一条门径。

《中国古代名窑系列丛书》补史料之缺，应大众之需。编撰者已经辛劳数年，今观新篇，欣慰之至，志此数言，是为序。

耿宝昌

于北京

目录

第一章　概述

瓷器是中华民族的伟大发明，中国自古就有"瓷国"之称，江西被称为"瓷省"，而景德镇则被誉称为"瓷都"。这"瓷都"桂冠的赢得，是和赣东北万年仙人洞乃至整个赣鄱地区源远流长的陶瓷文化分不开的，正是在这片传统文化与民族艺术的沃土中，才开出了景德镇这枝色彩艳丽的瓷苑奇葩，才能赢得中国乃至世界的"瓷都"桂冠。

景德镇历史上归属浮梁县，现辖珠山、昌江两区和浮梁县、乐平市。全市土地面积5256平方公里。地处江西省东北部。东毗婺源、德兴和安徽的休宁，南接万年、弋阳，西连鄱阳，西南是余干，北接安徽的祁门和东至（图1），处两省八县市之交汇处。跨东经117°1″至117°4′2″，北纬29°1″至29°5′6″。市区距省会南昌249公里，距海岸线302公里。城市坐落在群山环绕的小盆地中，屹立在昌江河畔，是一座山明水秀、风光绮丽的山城。

在景德镇境内，古代窑场密布，主要分布在四个区域，即今市区、南河区、小南河区以及东河区。其中市区主要为明清御窑厂区，南河和小南河区主要为宋元时期窑业区，东河区则主要为明清民窑青花瓷窑业区。

据早年的普查以及新世纪以来配合基本建设的考古资料，除市区的遗迹遗物叠压在近现代建筑物下，一时难以统计之外，那些已经被破坏殆尽或几乎全部扰乱的遗存也不计其内，经近年第三次全国不可移动文物普查的核实统计结果[1]，景德镇的窑业遗址总计达52处，151点（图2）。代表性的窑场有湘湖、盈田、凤凰山[2]、白虎湾、杨梅亭、黄泥头、塘下、湖田、

[1] 据早年的调查统计，景德镇的窑址总计137处，见江建新：《景德镇宋代窑业遗存的考察与相关问题的探讨》，《景德镇出土五代至清初瓷展》，香港大学冯平山博物馆，1992年。随着后来市区的扩大调整，特别是近年来开展的第三次全国不可移动文物普查结果，对景德镇全市的古窑址数量重新做了统计并公布，见《辉耀古今的景德镇文化遗产》，《中国文物报》2013年6月7日"文化遗产日特刊"。

[2] 江西省文物考古研究所等：《江西浮梁凤凰山宋代窑址发掘简报》，《文物》2009年第12期。

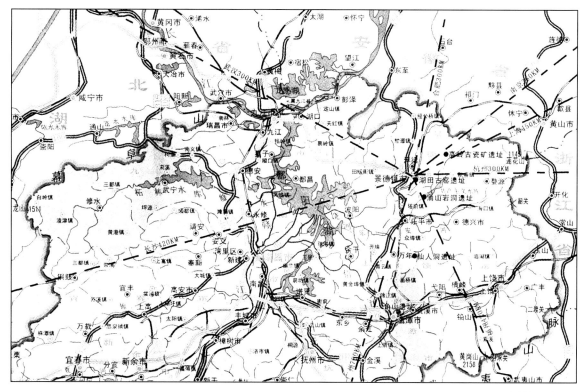

图1.景德镇地理位置图

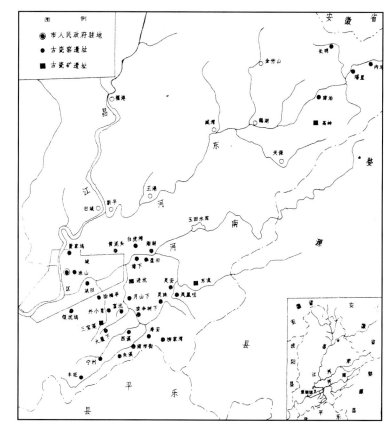

图2.景德镇古代窑址遗迹分布示意图

铜锣山[3]、道塘里[4]、三宝蓬、南市街、柳家湾、小坞里、银坑坞以及丽阳村等，主要分布在市区、近郊、南河和小南河一带，延绵将近百里。其间星罗棋布，规模极其庞大，遗物十分丰富，发掘瓷片堆积如山，是其他窑场无法比拟的。其中窑场规模最大、最为典型的应首推湖田窑。

湖田窑位于景德镇市区东南约四公里的竟成镇湖田村（图3）。地理坐标为东经117°15″，北纬29°10″。窑址南面环山，北面临水，总面积约40万平方米。南面为南山山脉，海拔最高为91.3米，由钟山、鼓山和旗山等小山组成。北面的南河，自东向西环村而过，然后向景德镇市区方向流去，在渡峰坑汇入昌江。窑址原就坐落在整个村内，但因现代建筑以及纵贯东西的战备公路，窑业遗存多已毁坏，现有遗存多见于南山山脉的缓坡地带及南河南岸一级台地的窄长地带，但窑业废弃堆积四处可见，古代瓷片可谓俯拾皆是。

据上世纪八九十年代的考古发掘资料，湖田窑始烧于五代时期，产品主要为青瓷器[5]，但早年调查试掘中曾发现尚有白瓷[6]。青瓷虽有自己的特色，但总的与越窑相近；白瓷瓷胎坚致，透光度极好，与邻近的白虎湾、杨梅亭、黄泥头、湘湖等窑场烧造的

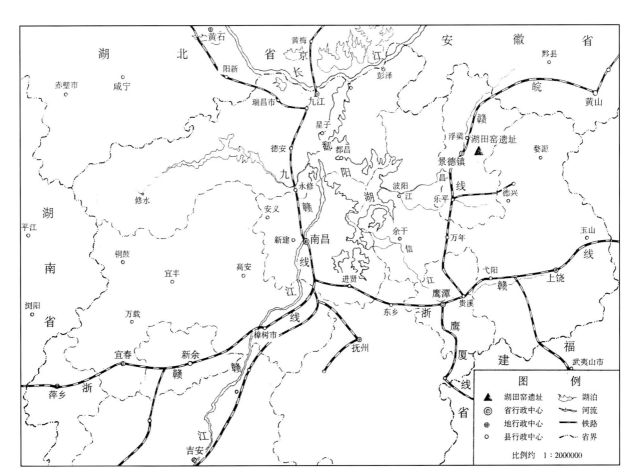

图3.湖田窑址地理位置图

[3] 江西省文物考古研究所等：《江西景德镇竟成铜锣山窑址发掘简报》，《文物》2007年第5期。

[4] 江西省文物考古研究所等：《江西景德镇道塘里宋代窑址发掘简报》，《文物》2011年第10期。

[5] 江西省文物考古研究所等：《景德镇湖田窑址—1988至1999年考古发掘报告》（上、下），文物出版社2007年。

[6] 刘新园等：《景德镇湖田窑考察纪要》，《文物》1980年第11期。

白瓷器相当，也是五代时我国各地烧造的白瓷中质地最优的产品。

这里，必须特别指出的是，五代时期的湖田窑至今虽尚未发现有早期青白瓷，但不排除该窑在晚唐以来长期烧造青瓷特别是白瓷的基础上，也开始创烧出部分青白瓷的可能，只是如同杨梅亭、白虎湾等窑址烧造的部分白中泛青或闪黄的早期青白瓷没有从白瓷类中区分出来那样，湖田窑出土的五代白瓷中也许有同样的情况。入宋以后，北宋早期不再烧造传统的青瓷和白瓷，转变为以生产早期青白瓷为主，但从其青白釉瓷的造型、装饰、釉色乃至装烧工艺诸方面考察，此时的青白瓷烧制尚处于创烧阶段。

然而到北宋中期，青白瓷不仅成为湖田窑的主导产品，而且很快进入其发展鼎盛时期。其产品胎质洁白致密，釉色青白淡雅，即可谓色质如玉，具有青玉般的质感效果，因而自然一跃成为国内烧造青白瓷诸窑之首，广为世人所喜好。其烧制技艺不仅很快传播到江西境内十余个县市，诸如南丰白舍窑、吉州永和窑、赣州七里镇窑等均开始烧造青白瓷。其他原来不烧造青白瓷的省区如浙江、福建、广东、广西、湖南等地的窑址也受其影响相继开始烧造青白瓷，一个以景德镇为代表的青白瓷系终于形成，并远销海内外。北宋晚期，湖田窑的青白瓷生产不仅其品类造型丰富

齐全，而且表面装饰技艺已完全成熟，逐步达到了景德镇青白瓷生产的最高水平，且一跃成为景德镇宋代诸窑之首。

南宋初期，赵宋王朝偏安一隅，时有北方金人的侵扰，加以景德镇窑业面临严重的原料危机，近郊一些制瓷原料产地的优质上层瓷石如三宝蓬瓷石已被采掘殆尽，故而景德镇地区的窑业一度呈现衰败景象，表现在一些青白釉窑场受其影响或萧条或倒闭，但在南宋政权稳定后不久，随着全国经济重心的南移，政府又大力发展经济，积极开拓海外市场，特别是由于北方一些著名窑厂的名工巧匠相继南下，给景德镇瓷业的发展带来新的机宜和条件，因而很快扭转了其低迷局面，继续呈现发展繁荣景象。尤其是湖田窑的青白瓷烧造更是"柳暗花明"，精益求精，在引进了北方定窑的支圈覆烧和模印花纹技艺之后，产量也成倍猛增，成本大幅下降，从而大大提高了产品的竞争力，使景德镇青白釉瓷继续保持着在全国的领先地位和优势。

元代景德镇的青白瓷生产，在承继宋代青白釉瓷的基础上，无论在胎质、造型、纹饰和釉色等方面都与前代有所不同，形成自身风格，但总体来看，元朝的青白瓷烧造已处于衰弱时期。但是，另一方面，也是主导的一面，却成功创烧出了卵白釉瓷(或

称枢府瓷)、青花瓷、釉里红和青花釉里红等多个新品种，这是陶瓷工艺美术发展史上划时代的成就，从而开辟了由素瓷向彩瓷过渡的新时代。湖田窑址烧制元青花瓷窑炉的发现[7]，有力证明湖田窑是元代烧造青花瓷和青花釉里红瓷的重要窑场。所以说，在有元一朝短短不到一个世纪的时段里，湖田窑的青白瓷生产虽趋于衰退，但整个瓷业却处于变革、创新发展的大好时期，可谓达到了历史上的一个高峰。

入明以后，随着明廷在景德镇市中心珠山设置御窑厂后，景德镇的瓷业逐渐向市中心转移和集聚，湖田窑的制瓷业也日趋衰微，其产品不仅不如御窑的产品精美，甚至不如市区的其他民窑，至隆庆、万历时期则已完全衰落。

对湖田窑在制瓷历史上的地位和作用，刘新园先生曾高度概括性地评价说："湖田窑是研究景德镇制瓷技术与艺术在10至14世纪发展和演变历史的最好的窑场。"[8]正因如此，从1959年起湖田窑址就被颁布为江西省级文物保护单位；1982年起被国务院批准为全国重点文物保护单位，它是新中国第一个被国务院公布为全国重点文物保护单位的古瓷窑遗址。近年来又被国务院公布为"国家'十二五'期间重点支持的大遗址"。

[7]　徐长青、余江安：《湖田窑考古新收获》，《故宫博物院院刊》2004年第8期。
[8]　刘新园等：《景德镇湖田窑考察纪要》，《文物》1980年第11期。

（一）景德镇的历史沿革

景德镇历史悠久。据市属乐平涌山岩洞出土的打制石器资料[9]，说明远在四五万年前的旧石器时代晚期，景德镇地区就有人类在此劳动、生息、繁衍；从浮梁县王港和江村沽演[10]等新石器时代晚期遗址看，说明四五千年前，浮梁县境的原始居民点已日趋增多，先民们在这里过着狩猎和农耕的生活。商周时期，根据史书和地方志记载，这一地区和赣鄱其他地区一样都被称为"荒服"之地，实际从已发现的商周遗址看，说明也已进入青铜文明时代。

根据文献记载，包括景德镇在内的饶州广大地区，为禹贡扬州之域，古属番地。《史记·索隐》："番，音潘，楚邑名，子臣即其邑之大夫也。"按番，即今之鄱阳县，大体春秋时期，为楚之东境，直到春秋晚期，周敬王十六年即公元前504年"吴王使太子夫差伐楚取番"（《史记·吴太伯世家》)以后，才为吴国所据。但时间不是很长，到战国初期周元王三年即公元前473年，越国把吴灭了，这里又归越国，直到战国中期即公元前306年前后，楚又灭越[11]，于是此地和江西全境一道同归于楚。

秦始皇统一中国后，将全国分为三十六郡，这里作为番县的一部分，归属九江郡(郡治在今安徽寿县)。

汉高祖六年（前201）正式设置豫章郡，下设18县，之一即为秦时的番县改称曰鄱阳县。后汉时属扬州刺史部。三国时统为吴地，属扬州。

晋初属扬州，西晋惠帝元康元年（291）割荆、扬两州所属十郡置江州，隶鄱阳郡之鄱阳县。这时的景德镇仅是鄱阳县管辖下的一个小镇，因地处昌江之南，而称昌南镇。

东晋时，于昌南设新平镇。康熙二十一年《浮梁县志》载："东晋于昌南设新平镇。"又载："陶侃擒江东寇于昌南，遂改昌南为新平镇。"意为新近平定的地方，故改昌南镇为新平镇，其时当在咸和五年至九年(330—334)之间[12]，距今约一千六百余年。此时的新平镇仍属鄱阳县管辖。

隋开皇九年（589）改鄱阳郡为饶州，大业三年(607)复属鄱阳郡。唐改郡为州，属饶州，武德二年(619)，析鄱阳东界为新平乡。武德四年（621），安抚使李大亮奏请从鄱阳县划出一部分区域置新平县，县治设在新定、化鹏两乡之间[13]，即今之市属浮梁县江村乡内，仍隶属饶州。这是这一带设置县城的开始，也是这一地区进入新的发展阶段的重要标志。八年（625），新平县又并入鄱阳县。开元四年（716），廉问使韦玢以土地沃广，奏准复置县，县治设在新昌江口(今旧城乡)，并更易县名为新昌县。天宝元年（742）改名称浮梁县，为上县，昌南镇仍为浮梁县辖小镇。《郡县释名》："以溪水时泛，民多伐木为梁也。"旧志又载："洪水泛梁木横新昌江口，人因以济，故曰浮梁。"总之，"浮梁"二字，颇为形象地概括了这个县水多、木多的特点，自此，"浮梁"之名一直沿用至今。

北宋开宝八年(975)，浮梁仍属饶州，隶江东东路。景德元年(1004)，改昌南镇为景德镇，即以宋真宗的年号名之，可见宋王朝对这一地区的重视。事载《宋会要辑稿》："江东东路饶州浮梁县景德镇，景德元年置。"自此，景德镇名称一直沿用至今。

元代，浮梁县一度升为州，景德镇属州辖。后又归属饶州路，隶浙江行中书省。

明、清时期，浮梁仍为县，属饶州府，景德镇为县属。

民国时期的1912年，废除了府和直隶州的设置。1914年，江西全省划分为四个道，浮梁属浔阳道，1926年废道，各县直隶于省。在这一期间，浮梁县治曾于1916年从旧城迁到景德镇。

1949年新中国成立，景德镇单列成市，先后属赣东北行政区和浮梁

[9] 黄万波、计宏祥：《江西乐平"大熊猫—剑齿象"化石及其洞穴堆积》，《古脊椎动物与古人类》第7卷2期，1963年。

[10] 江建新：《景德镇沽演发现一批新石器时代遗物》，《江西文物》1990年第1期。

[11] 参见彭适凡：《江西通史·先秦卷》，江西人民出版社，2008年版，第243页注①。

[12] 浮梁县地方志编纂委员会：《浮梁县志》，方志出版社1998年。

[13] 康熙《浮梁县志》载："新平城在新定、化鹏两乡之间……即长安都沽演。"为景德镇治城的最早所在地。

专区管辖。1953年升为省辖市[14]。1983年原属上饶地区的乐平县划归市辖，同时将鄱阳县的鱼山乡、荷圹乡划入市区。1982年以来，景德镇市先后被国务院批准公布为我国首批二十四个历史文化名城之一和甲类对外开放地区。

（二）得天独厚的自然要因

景德镇陶瓷业之所以能在晚唐、五代特别是在宋代崛起并得到长足的发展，尔后成为中国乃至世界的瓷都，瓷业生产历千年而不衰，这是和它优越的自然条件、生态环境和丰富的物产资源分不开的。

景德镇在地理上是一个天然的制瓷工业区。制作瓷器必需的优质陶瓷原料如瓷石、瓷土、釉果、耐火土等，遍布在古代所属地浮梁县境

各地，且蕴藏量十分丰富。景德镇包含瓷土的地层，大致可分五层，依次为页岩、瓷土矿、砂岩、瓷土矿和页岩，所含瓷土不仅数量、品种很多，而且质量尤佳。由于各种不同性能的原料无不具备，因此单靠本地原料，就能烧造出各种粗细不一、适应各种不同火度的瓷器。离市区45公里现属浮梁县瑶里镇东埠村的高岭山，所产的由花岗岩风化而成的白色纯质瓷土，耐火性极高，耐火度竟达1710°C，是制作瓷器的最佳原料(图4)。据称它"质坚，断口似燧石，边缘透明，条痕呈淡绿色，与玉石相似"。现在，国际上把这种最优质的瓷土"高岭"(Kaolin)一词作为陶瓷原料的通用术语。除高岭外，市郊的大洲、三宝篷、柳家湾、银坑、寿溪、陈湾、浮南、瑶里等许多地方，也盛产瓷土、釉果和耐火材料等。早在南宋时期的蒋祁《陶记》中就曾记

载："进坑'石泥'，制之精巧，湖坑、岭背、界田之所产已为次矣。比壬坑、高砂、马鞍山、磁石堂、厥土、赤石，仅可为匣、模。……攸山、山槎灰之制釉者取之，而制之之法，则石垩炼灰，杂以槎叶木柿火而煅之，必剂以岭背'釉泥'，而后可用。"随着瓷业生产的发展，原料供应也相应扩展到附近的乐平、鄱阳、余干、抚州、星子、贵溪和安徽省祁门等地。这些地方也都蕴藏大量的高岭土、瓷石、釉果和耐火土等矿物，其采矿点星罗棋布，据统计达169处之多。而且，这些矿点大都紧邻景德镇，近者仅10～15公里，远者也不过200余公里，运输非常方便。

当然，景德镇发展瓷业的有利自然条件，还有另外两个方面：

一是水资源极为丰富，境内河流纵横交错，河网密布。奔腾不息的昌江，又名鄱江，它发源于安徽祁门县

图4.高岭一号坑遗址

[14]　参见景德镇市志编撰委员会：《景德镇市志略》，汉语大辞典出版社，1989年；周銮书：《景德镇史话》，上海人民出版社，1989年；周荣林：《千年瓷韵》，江西人民出版社，2004年。

以北的大洪山，主流全长253公里，流经皖、赣两省，流域面积达6220平方公里。在皖境称祁门江，流经赣省后始名昌江。昌江自北向南流贯景德镇城市中部，再与小北港河（又称北河)和东河、西河、南河四条主要支流汇合后，折向西南流90公里注入鄱阳湖。顺着昌江上溯可入皖南境内，下水经鄱阳湖，一可以溯赣江至大庾岭，然后顺北江而下广州及至海外市场；二可以出湖口到九江，转长江流域各城市。故此，昌江是景德镇的航运干道，是景德镇的动脉，又是景德镇的生命线被誉为"景德镇的母亲河"。东河又名鄱源水，发源于景德镇东部东源山，全长60公里，流域面积610平方公里，它分南、北两支，分别源于白石塔和五股尖。源头山高陡峻，瀑布众多。南支流经梅岭渐宽，再流经瑶里、南泊、东埠和鹅湖等地。闻名中外的高岭土产地瑶里麻仓山高岭村就位于此流域内。西河又名大演水，它发源于皖赣边境三县尖分水岭的鄱阳莲花山，自北往南流，斜穿城区的西岸，在市区三间庙南侧西港口汇入昌江，全长66公里，流域面积499平方公里。南河又名历降水，它发源于婺源县西南山中，过车田入本市境内。河水由东向西，然后南行，注入玉田人工湖，经南安入昌江。河长76公里，流域面积566平方公里。此外，尚有小北港河、梅湖河、建溪河

和小南河等支流以及50多条小支流，呈叶脉状分布在全境。这些大小支流虽然都不长，但水量都比较充沛，常年可通行木船和竹筏，且都流经瓷器原料、燃料产地，因此对发展景德镇瓷业，起着重要的促进作用。

二是景德镇具有充足的烧瓷所需的燃料。千百年来景德镇烧瓷主要以松柴和搓柴为主，松柴就是将松树锯成八九寸长的木段，然后劈开成块，用它来烧制瓷器的窑称为柴窑；搓柴即用松树的枝叶和其他灌木、茅草如狼鸡草（蕨棘）等，用它们来烧制瓷器的窑称为搓窑，前者烧细瓷，后者烧粗瓷。明代以前，一窑烧成所用燃料多是松、搓兼用。景德镇地处丘陵地带，四面环山，素有"八山半水一分田，半分道路和庄园"之称。层峦叠嶂的大小山峰互绕绵延，在温和湿润的亚热带气候下，草木葱茏，松林茂密，为陶瓷生产提供了大量的燃料来源。随着景德镇瓷业的不断发展，烧瓷燃料供应由本地扩展到周围各县，如婺源、德兴、祁门、乐平、万年、都昌和鄱阳等地。

《景德镇陶录》载："水土宜陶，陈以来土人多业此。"正因为有了上述这些得天独厚的所谓"水土宜陶"的自然条件和生态环境，就为景德镇窑业的发展和兴盛提供了极为优越的内在条件。

（三）源远流长的制瓷历史

长期以来，凡论景德镇烧瓷的起始年代，一般都沿用清乾隆四十八年《浮梁县志》引康、雍年间吴极《昌南历记》的说法"新平冶陶，始于汉世"，还有就是成书于雍正、乾隆之际的《南窑笔记》中所载："新平之景德镇，在昌江之南，其冶陶始于季汉。"实际情况如何呢？

根据多年来景德镇市所属浮梁、乐平的地下考古发现，特别是与之邻近不足百里的万年县仙人洞、吊桶环两个洞穴遗址的考古新资料（图5），多年考古发掘出土的原始陶片就达890余块，并出土有一件已被复原的现被学界誉为"中华第一陶罐"的直口深腹罐（图6），经北京大学考古文博学院吴小红教授与美国哈佛大学人类学系欧弗·巴尔-约瑟夫教授、美国波士顿大学考古学系保罗·格登伯格教授的合作研究和最新检测数据，仙人洞的最早条纹陶器制作年代为1.9万年到2万年间[15]，这就有力证明，赣东北地区远在原始农业出现以前的距今2万年前就已能烧制最原始陶器，这是目前中国也是目前所知世界上年代最古老的陶器制品之一，美国《考古》杂志2013年第1期评选出了2012年世界十大考古发现，其中第7项就是"最古老的陶罐·中国江西"[16]，所以，今天我们可以毫不夸张地说："新平冶陶，

[15] 江西省政协文史和学习委员会等编：《人类陶冶与稻作文明起源地—世界级考古洞穴万年仙人洞与吊桶环》，江西美术出版社，2010年版。原公布的检测数据为距今17000年，但据最新发表的报告为距今2万年，见吴小红、张弛：《江西仙人洞遗址两万年前陶器研究》，《南方文物》2012年第3期以及其正式发掘报告《仙人阁与吊桶环》，文物出版社，2014年版，第262、264页。

[16] 邵军编译：《美国〈考古〉杂志评出2012年世界十大考古发现》，《中国文物报》2013年1月4日，《文物考古》周刊。

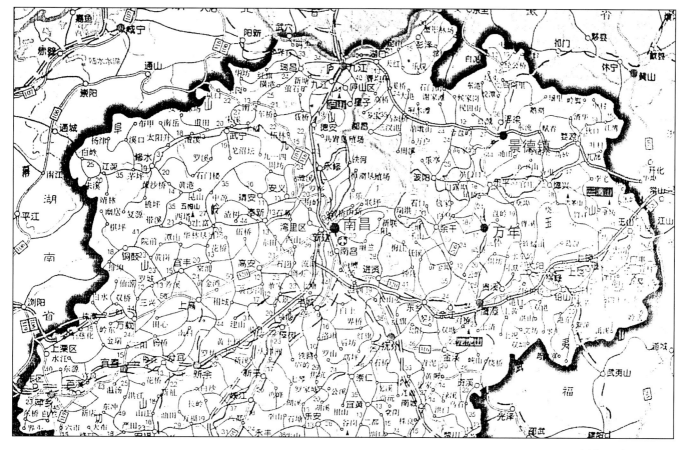

图5.景德镇与万年地理位置图

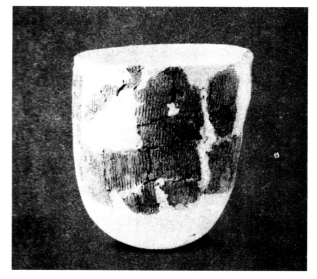

图6.被誉为"中华第一陶罐"的夹粗砂黑褐色陶罐

始于两万年前。"

至于商周时期的遗址则发现更多，诸如蛟潭和臧湾古铜桥以及湘湖燕窝山等遗址，特别是位于景德镇市东郊的燕窝山遗址是一处经过较大规模科学发掘的重要商周遗址[17]，它有着从商代中期至西周早、中期再到西周晚期和春秋四个时期的堆积，出土完整和可复原器物达130余件，陶质有夹砂、泥质和原始青瓷三类，还有大量几何印纹硬陶，从其陶器、原始青瓷的造型和几何印纹陶纹样等作风看，明显属于赣鄱地区商周时期以万年斋山和鹰潭角山为代表的万年类型文化范畴。更有意义的是，1997年江西省考古工作者为配合基建在湖田窑进行考古发掘时，就在乌鱼岭南侧围墙外的旧农贸市场内发现有商代灰坑遗存，出土有商代陶器鬲、鼎、罐和瓿形器等，其造型和几何印纹陶风格与鹰潭商代角山窑址[18]出土的也很相近，说明3000多年前的湖田村一带就有居民在此烧制几何印纹陶器和原始青瓷。这种原始青瓷的胎质不仅基本都是瓷土，有的还人工施釉，釉多呈黄褐色，故称原始青瓷。从两万年前创烧最原始陶器到三千多年前的商代发明原始青瓷，开瓷业之先河，是从陶到瓷的飞跃。故此，今天我们有充分的证据说明："新平冶瓷，始于商代。"当然，这里所讲的"瓷"系指原始青瓷器。

东周时期，赣东北包括浮梁地区的陶器和原始瓷器的烧造，在商、

西周时代的基础上又有发展和提高。至今最能说明问题的是在鹰潭龙虎山悬棺墓中出土的49件釉陶和早期青瓷器。这些早期青瓷器，器类都是较小件的碗、杯、碟等，罐次之，只有少数罐个体较大，器表多素面，但也有的杯、碟在施釉前饰麻布纹，有的罐在施釉前刻划梳齿纹。这时期的早期青瓷较之商代鹰潭角山和浮梁湘湖燕窝山等地出土的商周原始瓷，胎土更细腻，质地更坚硬，器形更规整，施釉更均匀，釉的附着力更强等，有的佳品甚至可以和汉晋时期的青瓷相媲美，说明这一时期的陶瓷烧造技术有着重大发展和进步，为区别于商、西周的原始瓷器，故我们称之为早期青瓷。

汉、晋、南朝时期，鄱阳县境也包括昌南镇（新平镇）一带，从目前已发现的一些墓葬中出土的釉陶器和成熟青瓷器来看，说明鄱阳县境及附近也应有烧造釉陶器和青瓷器的窑址。明朝詹珊在《师主庙碑记》中称，明洪熙中(1425)在景德镇御器厂内建佑陶灵祠，奉祀晋代(265—420)人赵慨为制瓷师主，这应该是两晋时期景德镇烧造青瓷器的一个佐证。在乾隆四十八年《乾隆县志》卷12中引《昌南历记》曰："陈至德元年（583）大造宫殿，诏新平以陶础贡，雕巧而弗坚。再制，不堪用，乃止。"《南窑笔记》也说："陈至德元年，相传有贡陶础者，不堪用。"上述陶础之类，从功用看，似属于建筑用瓷，参

照其他记载分析，这些东西很可能是釉陶或类似于后世琉璃瓦一类的器物。对于陈后主时宫中是否曾下诏新平贡陶础的问题，目前虽无法考证，但南朝时期这一地区已能烧制青瓷器应是事实，也许仅是质量较次而已。

隋唐时期，景德镇的瓷业状况，目前主要见诸文献记载，较早的有《南窑笔记》："至隋大业中，始作狮象大兽两座奉于显仁宫。"还有乾隆四十八年《浮梁县志》同样采摘于《昌南历记》的两条史料，即"新平霍仲初，制瓷日就精巧，唐兴素瓷，在天下而仲初有名"和"武德四年，有民陶玉者，载瓷入关中，称为假玉器，献于朝廷，于是诏仲初等暨玉制器进御"。清乾、嘉之际的蓝浦在《景德镇陶录》中汇集了一些关于唐代景德镇制瓷业的文献，并对其瓷窑和产品做了较详细描述和发挥。该书卷5"历代窑考"云："陶窑，唐初器也，土埴白壤，体稍薄，色素润，镇钟秀里人陶氏所造。"又云："霍窑，窑瓷色亦素，土善腻，质薄，佳者莹缜如玉，为东山里人霍仲初所作，当时呼为霍窑。"正因为有了这两位技艺高超的制瓷名师，其产品受到皇宫贵族的青睐，从而大大提高了景德镇地区瓷器的声望，所以就在武德四年(621)安抚史李大亮才奏请朝廷核准新设立了一个新平县，这明显是为了有利于瓷业的生产和发展。《襄陵名宦志》载："唐褚绥，字玉衡，晋州人。景龙初，为新平司务。

---

[17]　《中国考古学年鉴》(2005年)，文物出版社2007年版。

[18]　江西省文物考古研究所等：《江西鹰潭角山窑址》，文物出版社2009年版。

会洪州都府奉诏需献陵祭器甚迫，绥驰辕门，力陈岁歉，户力凋残，竟获止。"[19]这条史料，说明盛唐时，唐中宗曾下诏命景德镇速进献陵祭器，这种祭器应该就是陶窑、霍窑烧制的有假玉器之称的素瓷即白瓷器。

至于隋唐时期当时人的文献中，目前只见有唐代大文学家柳宗元于宪宗元和年间（806—820）作有《代人进瓷器状》和《答元饶州书》两文[20]，当时景德镇隶属饶州，时任饶州刺史元崔挑选一批上好瓷器进贡朝廷，还特地委托柳宗元代他撰写了一篇《进瓷器状》，文中称道所进瓷器："艺精埏埴，制合规模。禀至德之陶蒸，自无苦窳。合大和以融结，克保坚贞。且无瓦釜之鸣，是称土铏之德。器渐瑚琏，贡异砮丹，即尚质而为先，亦当无而有用。"意思是说这批瓷器制作精巧艺术，器形规范工整，既无粗劣的毛病，又没有陶器的粗闷声响，而且能结合天地间的刚柔气质，保持长久的坚致耐用。历代为柳文作注者多两相对勘，称所进瓷器为饶州所产。

对上述这些有关汉、唐窑事的文献记载，有的学者持谨慎的怀疑态度，因为几十年来我国学者特别是景德镇的陶瓷考古工作者几乎踏遍了浮梁县境的每个自然村落，竟未发现一块与窑具共存的唐代瓷片，更未发现五代以前的瓷窑遗存[21]。只是，时至

今日，我们也必须注意到，从全省陶瓷考古资料来看，除洪州丰城县境有唐代著名的六大名窑之列的洪州窑外，全省其他地市也曾发现过数十处唐、五代时期的青瓷窑址，可以说遍布在全省的东、南、西、北、中，就连赣南最南端的龙南、定南县都发现了唐代窑场，难道恰恰有着两万年的制陶和3000多年冶瓷历史的浮梁地区反而到隋唐时期不再烧造？此其一；其二，五代时期景德镇的湖田、白虎湾、黄泥头、杨梅亭等窑址烧造的白瓷，质细胎薄，半透明度极好，几乎和现代瓷无甚差别，是五代时期我国南方质地最优的白瓷，在科技发展极为缓慢的封建社会里，要达到这种制瓷水平决非是一朝一夕受到北方或外界的影响就能烧成，也不太可能仅仅是存在了50来年的五代时所能及，它应是景德镇得天独厚的自然要因和悠久陶瓷文化的深厚积淀相结合的结果，很难想象，汉唐时从不生产瓷器的浮梁地区，到五代时竟一步登天就烧制出高质量的白瓷！第三，从已有的一些零星考古资料看，唐代窑业遗迹的发现似也开始露出端倪，如1982年景德镇市区太白圆附近落马桥的宋、五代遗物堆积的下层，发现了一块玉璧形圈足碗的残片，敞口、腹壁斜削，内底微下塌，玉璧形底，底足边沿粘有五个泥支钉；浅灰胎质，胎壁厚重；通体施釉，釉呈淡蟹壳青

色，青中泛黄的成分较多，开冰裂纹细片，釉面有气泡，器底处有垂釉现象。该碗的唐代特征十分明显，发现者认为这是"迄今景德镇第一次出土的唐代遗物，为研究唐代景德镇窑业状况及产品面貌提供了一条实物依据"[22]。又如1990年，景德镇陶瓷馆收集到出土于白虎湾的残青釉瓷碾一件，碾呈船形，中间碾槽为月牙形，高6.8厘米，残长12厘米，宽6厘米。碾的胎质较粗，釉为蟹壳青色，开细小纹片，釉不及底，灰色胎，沙底。左边刻"大和五年"行书铭文；右边刻一直线、一曲折线相间成两组[23]。唐代的浮梁是全国著名的茶市，据《元和郡县志》载：元和八年（813）浮梁"每岁出茶七百万驮，税十五余万贯"，著名诗人白居易在《琵琶行》中的"商人重利轻别离，前月浮梁买茶去"的佳句，让浮梁茶声名远播。按照唐人烹、煎茶团或茶饼的习惯，产茶区要将茶叶研成末，加入佐料制成茶团或茶饼出售，这件带纪年铭记的青瓷碾，无疑就是茶农研茶末用的一种工具。还需注意的是，就在发现青瓷碾的白虎湾窑址附近，考古工作者还采集到和青瓷碾胎质、釉色完全一致的碗、罐残片10余件，其中一块碗心刻有"李"字，巧合的是同地又发现一方刻有"李春祖山界"的青石碑，这说明此地很可能是李家村遗址，刻有"李"字的碗和其他青瓷产

[19] 转引自李知宴：《唐代瓷窑概况与唐瓷的分期》，《文物》1972年第3期。

[20] 《柳河东集》卷39、卷32，中华书局上海编辑所，1960年。

[21] 江建新：《景德镇窑业遗存考察述要》，《江西文物》1991年第3期。

[22] 虞刚：《景德镇窑址调查二则》，《中国陶瓷》1982年第7期。

[23] 黄云鹏：《景德镇首次发现带纪年铭的唐代青瓷》，《南方文物》1992年第1期。

品，应是李家村民"亦耕亦陶"开窑烧制的。当然，上述落马桥瓷片毕竟是孤证，而且还无法证明它一定是浮梁地所产。白虎湾出土的瓷碾，虽有纪年，但"大和"年号百余年间凡两用，一次是唐文宗李昂的纪年（827—835），另一次是五代吴帝杨溥纪年（929—935），因此"大和五年"可以是属于唐代的831年，也有可能是属于五代十国的933年，而当时吴国的领土刚好囊括了今日江西省境的全部，景德镇也在其中，因此目前还不能完全排除该瓷碾是五代产品的可能性。但尽管如此，这些有关唐代窑业遗物的发现，无疑为在浮梁地区寻找唐代瓷业遗存提供了宝贵的资料和线索。

故此，我们认为，记载汉、唐窑事的清初吴极的《昌南历记》，尽管有人评论为"考据不必尽核，时与正史抵牾"（乾隆七年《浮梁县志·艺文志》），但推之吴氏也不可能完全是凭空杜撰，相信应有所本，只惜该书因未曾刊行早已亡佚，今无法考究其来源，但原立于珠山御器厂的《关中王老公祖鼎建贻休堂记》碑（刻镌于明崇祯十年，即1637年）文的发现，为探其源提供了线索，碑中载："浮之景德镇以陶为业，集八方乌合之众……朝廷御用于是乎出，唐武德二年建有陶厂……"说明有关唐代烧瓷的说法早在清朝之前就已流行，所以对《昌南历记》等古籍正确的态度应该是不可全信，但也不可完全不

信，如汉、唐以来古浮梁地带曾有烧制陶瓷的历史应该是可信的。随着今后考古事业的不断发展，相信五代以前的窑业遗存必定会陆续有所发现。

果然，不出所料，2012年年底刚结束的浮梁蓝田窑窑址的考古发掘，传来了一个激动人心的喜讯，宣告景德镇已发现唐代窑址，从而将景德镇制瓷历史向前推进了百年左右，即从五代时期上溯至中晚唐[24]。蓝田窑址位于浮梁县南河流域湘湖镇蓝田村金星自然村西北的万窑坞山坡上。2012年10月至12月，北京大学文博学院、江西省文物考古研究所和景德镇陶瓷考古研究所组成联合考古队对该窑址进行了科学发掘，发掘总面积为541平方米，清理各类遗迹12处，包括窑炉两座、灰坑7个、墓葬1座、沟两条，其中一号龙窑窑炉，是至今景德镇地区保存完好的晚唐时期窑炉，从而填补了景德镇窑炉发展最早形态的空白。还出土了数以吨计的各个时期的瓷器和窑具，瓷质有青绿釉、青灰釉、白釉瓷和青白瓷等，除了常见的碗、盘、执壶、罐等器物外，还发现了一些过去景德镇古代窑址中从未见过的器物，如腰鼓、茶槽子、权和网坠等。这次蓝田窑唐代茶槽子的出土，也证明了1990年在白虎湾收集到的那件刻有"大和五年"纪年的青釉瓷碾，无疑应是唐文宗时白虎湾窑址的出土物，故此，白虎湾窑始烧于唐代当可确认。

无独有偶，仅时隔一年之后，2013年12月9日，在景德镇乐平市举行的唐代南窑遗址考古成果发布会上又传来喜讯，在乐平市接渡镇南窑窑址发现一座长度高达8.8米的中晚唐时期的龙窑遗迹，它是使用竹藤类材料起卷，用泥糊砌，采用支座垫烧，特色鲜明，风格独特，是迄今为止国内发现的保存最长的唐代龙窑[25]。出土了大批窑具和数十吨瓷片标本，其釉色种类较多，有青釉瓷、酱黑釉瓷、青釉褐斑瓷、青釉褐色彩绘瓷以及素胎瓷等，但以青釉瓷器为主。具有长沙窑、越窑、洪州窑和河南鲁山窑等的特点。引人注目的是青釉、酱黑釉腰鼓和器形硕大的大碗器等彰显了唐代赣鄱地区与西亚古代文明交流的史实。通过对这批瓷器标本的初步研究，发掘者认为南窑窑址最早始烧于中唐，兴盛于中晚唐，衰落于晚唐，距今已有1200多年的历史。故此，这次南窑窑址揭露的这座最长的唐代龙窑，才真正是目前景德镇地区发现最早的、保存最完整的窑炉遗迹，真正填补了景德镇瓷器烧造窑炉形制最早形态的空白，从而又把瓷都景德镇瓷器烧造历史向前推进了一大步，具有证史补史的作用。

上述两个喜讯接踵而至，有力证明瓷都景德镇的烧瓷历史创烧于唐代这已是一个不容争辩的事实，至于是创烧于中唐抑或是晚唐？如果说始烧于中唐对浮梁蓝田窑址来说其证据尚

---

[24] 中广网景德镇2013年1月18日消息(记者李竟成、景德镇台记者周彦伟)；江西《信息日报》2013年1月19日(记者王景萍)。

[25] 见《中国文物报》记者李政报道：《景德镇南窑发现唐代最长的龙窑遗址》，《中国文物报》2013年12月13日，总第2194期第1版。

嫌不足的话，那后来的喜讯即乐平南窑窑址的诸多重要发现则确凿无疑证明了景德镇地区始烧瓷器的年代应早至中唐。

五代时期，几十年来景德镇地区窑址的调查与发掘情况表明，这时候的制瓷业不仅早已产生而且已具相当规模了。像南河流域不仅有蓝田，尚有湘湖、盈田、湖田、杨梅亭、白虎湾、黄泥头等诸多窑场，在小南河流域还有南市街、柳家湾、月山下、大屋下、高坑、灵珠、丰旺以及昌江流域老城区的一些窑址等，这些窑场大都始烧于晚唐五代，其中白虎湾窑"窑包高达8米……从地层剖面看，堆积可分三层，上层青白瓷；中层为青瓷和白瓷；底层全部为青瓷"[26]。在白虎湾窑址中，其青瓷→白瓷→青白瓷的早、中、晚演变关系非常清晰明了。上述诸窑址中，在五代时不仅烧造青瓷和白瓷，且白釉优于青釉，白瓷胎质致密，白釉色调纯正，与北方白瓷接近，且透光度较好，其中杨梅亭发现的五代白瓷，胎白度高达70%，已接近于现代白瓷水平，所以说景德镇不仅是目前南方地区发现的最早的白瓷产地，而且其白瓷水平也是南方质地最优的，诚如著名古陶瓷专家刘新园所指出："如果把景德镇这一时期的制品和晚唐五代的越窑、定窑以及长沙、岳州、耀州等窑之遗物相比较，景德镇产品制作草率，装烧落后，且无刻印花纹饰，尚处于初

级阶段。但值得注意的是，其时的白瓷，由于瓷胎致密、半透明度极好，几乎和现代白瓷没有差别，是为五代时期我国南方质地最优的白瓷"[27]。也就在五代时期，如湖田、杨梅亭、白虎湾等窑场的匠师们在精心烧制白瓷的基础上孕育创烧出一种早期青白瓷器，只是这种早期青白瓷在五代的白瓷中尚未很好区分出来。

入宋以后，随着商业的发展，海外市场的扩大，有力地刺激了手工业的发展，特别是瓷业的发展。这一时期，南北各地名窑林立，定窑、磁州窑、耀州窑、钧窑、汝窑、建窑、龙泉窑等都极负盛名，制瓷技术不断创新，在质地、釉色、造型和装饰等方面都远远超越前代，迎来了中国陶瓷发展史上的第一个高潮。中国陶瓷史学者根据各窑产品工艺、釉色、造型和装饰的同异，把宋代诸窑大体分为六大窑系，即北方地区的定窑系、耀州窑系、钧窑系、磁州窑系以及南方地区的龙泉窑系和景德镇的青白瓷系。

景德镇的青白瓷系是进入北宋以后逐步建立起来的。在五代瓷业的基础上，宋代的景德镇瓷业以其前所未见的速度向前发展(图7)，特别是五代以来创烧的新产品青白瓷，随着其烧造技艺的日益精湛，产品的日趋茂美，不仅已成为宋代景德镇诸窑代表性的产品，而且在社会上的影响扩大了，也引起了宋朝廷对它的重视。清乾隆四十八年《浮梁县志》摘录《昌

南历记》谓："宋真宗遣官制瓷，贡于京师。应宫府之需，命陶工书建年景德于器底，天下于是知有景德器矣。"蓝浦《景德镇陶录》卷5也称："景德窑，宋景德年间烧造。土白壤而埴，质薄腻，色滋润。真宗命进御瓷器，底书'景德年制'四字，其器尤光致茂美，当时则效著行海内。于是天下咸称景德镇瓷器，而昌南之名遂微。"对上列文献中有关真宗命进御器以及底部书"景德年制"款事是否可信，这里姑且不论，但宋真宗景德元年（1004）正式将新平镇（古昌南镇）改名为景德镇则是确凿无疑的事。《宋会要辑稿·方域十二》载："江东东路饶州浮梁县景德镇，景德元年置。"从此以后，景德镇的名字一直沿用至今。

景德是北宋第三代皇帝真宗（998—1022）的年号，一般来说是不能随便当作地名来使用的，大概是得到了许可或者就是皇帝下赐的。宋代像这样把皇帝年号当作地名来使用的例子还有，以造酒业而闻名的绍兴也是用南宋高宗的"绍兴"年号来命名的。现在的宁波，南宋时为重要的贸易港口，也是以当时的年号"庆元"被命名为庆元府。以皇帝年号作为地名来使用的地方都具有很高的经济地位，这是它们的共同点。绍兴和庆元都是人口众多、地域广阔的"府"，而景德镇只是饶州府浮梁县下属的一区区小"镇"，以当代皇帝年号来命

[26] 余家栋：《江西陶瓷史》，河南大学出版社，1997年第193页。

[27] 刘新园：《景德镇瓷窑遗址的调查与中国陶瓷史上的几个相关问题》，《景德镇出土五代至清初瓷展》，香港冯平山博物馆1992年版。

图7.宋代景德镇主要窑址分布图

名一个镇，这也可推知当时景德镇瓷器产业的兴旺发达。

随着宋代景德镇瓷业的发展，特别是北宋中后期青白瓷的质量和生产量急速提高，一跃成为南北各地青白瓷窑之冠，尤其是湖田窑的产品广为市场所欢迎。这时青白瓷的烧造，以江西景德镇窑为中心，不仅在江西境内扩展到南丰、吉州、赣州等近10余个地区，而且福建、广东、广西、湖南、浙江以及河南等省区也纷纷仿烧，形成一个庞大的青白瓷系，由宋及元，盛烧不衰。

据笔者粗略统计，如今在全国有9个省市的近百个县市[28]，已发现了宋代青白瓷窑址。属于这个体系的瓷窑，江西省除景德镇外，主要还有南丰白舍窑、赣州七里镇窑、吉州窑、金溪县里窑、萍乡的南坑、宁都的黄陂、靖安的丫髻山、奉新的窑场里以及乐平、横峰、南城、婺源窑等都生产过青白瓷。福建省有崇安、光泽、浦城、邵武、泉州、政和、建瓯、建阳、闽侯、顺昌、漳浦、德化、永

[28] 早在上世纪80年代，据冯先铭先生初步统计，全国发现的宋代青白瓷窑址分布在九个省区45个县市(参见《综论我国宋元青白瓷》，《中国古陶瓷论文集》，紫禁城出版社、两木出版社，1987年版)，20多年过去了，各地新发现的窑址日趋增多，黄义军博士曾做过分区统计(见《宋代青白瓷的历史地理研究》，文物出版社2010年版，第87页—94页)，今笔者在其基础上稍作核对和增补，发现宋代烧造青白瓷的窑址仍为九个省区市，但具体窑址点已近百处。这里限于篇幅，恕不细列。

春、安溪、南安、同安、厦门、莆田、宁德、闽清、仙游、连江窑和三明、长汀等窑，浙江有江山、金华、文成、泰顺、临安等窑，广东有广州西村、惠州、潮州、梅县、五华、封开和阳江石湾窑等，广西有藤县、兴安、容县、北流、埔北、玉林、贵港和桂平窑等，湖北有鄂城和武昌窑，湖南有耒阳、益阳、长沙、汩罗、浏阳、新宁和衡东等窑，河南有禹县、宝丰、临汝、新安和安阳窑等。此外，安徽有繁昌窑、泾县窑等。诸省区的这些窑址，有专门烧造青白瓷的，有以烧造青白瓷为主的，还有的只兼烧部分青白瓷。比较一下宋代其他五个窑系的情况就可得出以下结论：青白瓷系是宋代六大窑系中范围最广的一个窑系。而景德镇烧制的青白瓷，釉色清新淡雅，品类造型丰富，装饰手法多样，制瓷工艺先进，已发现的窑址规模庞大，遗物堆积丰富，是其他各地区生产青白瓷的窑场所无法比拟的，且南北各地的青白瓷窑场中绝大多数都是受景德镇的影响之后才开始烧造青白瓷的，因此，景德镇可以当之无愧地被称为宋代青白瓷窑系的代表。

元帝国建立后，于至元十五年（1278年）在景德镇设立浮梁瓷局，"掌烧造磁器，漆造马尾棕藤笠帽等事"[29]，秩正九品，设大使、副使各一员，隶属正三品的诸路金玉人匠总管府，是其辖下的全国唯一的一处管理制瓷的机构。这时，在继承宋代青白瓷烧制的基础上，虽仍生产青白瓷，但其青白瓷的胎质、釉色、造型和装饰等方面都较前代有所变化和衰退。而在制瓷工艺上，由于创新发明了瓷石加高岭土的"二元配方法"，创烧了卵白釉（枢府）瓷、青花、红釉、青花釉里红等多种高温釉新品种，从而结束了元以前单色釉瓷的局面，为明清彩瓷的高度发展奠定了基础。景德镇的瓷业面貌为之一新，一跃而成为全国的制瓷中心。

总之，从五代开始，景德镇制瓷业的发展脉络已经比较清晰，在此之后将近一千年的时间内，从宋代的崭露头角到明清的一枝独秀，这里的制瓷业有了长足进展，构成了后半部中国陶瓷史的主干。

---

[29]　《元史》卷八八《百官志》四。

第二章　青白瓷与湖田窑

青白瓷是我国宋元时期生产的主要瓷器品种之一，它较集中地代表了宋代高度发达的制瓷技术水平。 然而何谓青白瓷？青白瓷是怎样在白瓷生产基础上孕育创烧的？青白瓷创烧地究竟在何地？景德镇窑包括湖田窑五代时期有否创烧过青白瓷？较长时期以来及至今天，对这些问题一直存在着不同意见。

（一）莹缜如玉的青白瓷

所谓青白瓷，是指其釉色介于青白两者之间，青中泛白，白里显青，具有胎腻质细、体薄透光、釉面莹润、如冰似玉、滋润清雅、晶莹夺目等特点，它既不像白瓷那样素净、牙白瓷那样雅洁，也不像卵白瓷那样失透，更不像青瓷那样青翠欲滴，而是既青既白，非青非白的天然和谐之美色。具有青白瓷胎釉上这些特征的，无疑是指那种质优而

典型的青白瓷制品，而且主要应该是指景德镇窑烧制的青白瓷制品。景德镇窑烧制的青白瓷之所以如此晶莹剔透、质优而典型，主要是基于下列原因：

第一，瓷石的质优，导致瓷胎致密洁白，半透明度良好，为同时期各窑产品所不能比拟。

第二，烧制工艺严谨，器壁薄腻规整，器型挺拔精巧，其利坯技艺极其娴熟。

第三，瓷釉光泽度高，透明度好，釉下的刻花纹饰因线条的深浅不同而积聚厚薄不等的釉层，积釉浅处釉色青白，积釉深处呈色青绿。瓷釉因纹饰显得丰富，纹饰也因透明的微微流淌的瓷釉而更加清晰[1]。

正因为景德镇窑烧制的青白瓷胎薄釉净，色泽青白，质优工巧，让人一眼看去犹如青白玉，因而很受当时人赞叹和青睐。从现有保存的史籍记载来看，当时就有人将其直接比喻为令人爱

---

[1] 刘新园：《景德镇瓷窑遗址调查与中国陶瓷史上的几个相关问题》，《景德镇出土陶瓷》，香港大学冯平山博物馆，1992年7月。

不释手的青白玉。

"青白"一词最早见诸文献记载的应当是北宋英宗治平元年(1064)蔡襄所著《茶录》一书，书中称："茶色白宜黑盏……其青白盏斗试家自不用。"次年即治平二年豫章状元、历官至权（暂代）吏部尚书的彭汝砺在《送许屯田》诗中说："浮梁巧烧瓷，颜色比琼玖。"（洪迈《容斋随笔》卷4"浮梁瓷器"条）这诗中所讲"巧"者，是指景德镇烧造的瓷器造型玲珑剔透，细致精巧；所讲的"琼玖"，琼，指赤色玉；玖，指浅墨色玉，这里则是泛指景德镇烧造的瓷器釉色宛如玉一般。彭汝砺系饶州鄱阳人，而且曾在镇之湖田都建西涧草堂，并在长山都石门山住读过，他在《答赵温甫见谢茶欧韵》诗中曾云："我昔曾涉昌江滨，故人指牛观陶钧。庞眉老匠矜捷手，为我百转雕与轮……"[2]他不仅耳闻，而且亲身目睹景德镇制瓷业的全过程和情况，对北宋中、后期该镇烧制的精巧莹润的青白瓷更有真切的体验，他万分感叹和赞美并喻之为"琼玖"决不是偶然的。此外，《诗经·卫风·木瓜》："投我以木李，报之以琼玖。"苏轼《醉道士石诗》也吟："三年化为石，坚瘦敌琼玖。"显然，周秦以来历代诗中所吟之琼、玖都是美玉的泛称，不应是具体指所谓的赤玉或墨玉等。

南宋·蒋祈《陶记》谓："景德陶，昔三百余座。埏埴之器，洁白不疵，故鬻于他处，皆有'饶玉'之

称。其视真定红磁，龙泉青秘，相竞奇矣。"说明南宋时期可以和"真定红磁""龙泉青秘"齐名的景德镇青白瓷，在市场上都是以"饶玉"（饶州之玉）相称。

南宋著名女词人李清照在其名词《醉花阴》中吟道："薄雾浓云愁永昼，瑞脑销金兽。佳节又重阳，玉枕纱厨，半夜凉初透。"这里所讲的"玉枕"不是指真正用"玉"料制成的枕，而应是"瓷枕"，这可从宋代墓葬中的出土物看出。在宋代墓葬中，至今尚极少发现有玉质的枕头，而较普遍的是瓷枕。当然，宋代南北各地烧制瓷质枕头的窑口较多，但南方地区烧造出来的瓷枕真正像玉的，除青瓷类似青玉外，真正有青白玉质效果的主要就是景德镇的青白瓷了，所以，词人所吟"玉枕纱厨"的"玉枕"主要应是指景德镇烧制的色质如青白玉的青白瓷枕。

当然，也必须指出，在宋元青白瓷类中，由于各地烧瓷原材料等的不同，故烧造出的青白瓷的质量高低不一，其青白瓷的釉色也千差万别，较多的是色显浅黄。就是景德镇窑烧制的青白瓷，特别是在其早期，也有一些在焙烧过程中因温度的失控、氧化还原气氛掌握不当等诸多因素，而使产品呈现深浅不一的炒米黄色。这是我们在鉴定与鉴赏宋元青白瓷中必须予以特别注意的。

宋元时期，以景德镇为代表的这种独树一帜的青白釉瓷种，当时的人

们就称呼为"青白瓷"，除前面引及的北宋蔡襄的《茶经》一书外，在宋元其他一些文集中也多有记述。

如南宋耐得翁著于端平二年(1255)的《都城纪胜》中"铺席"条载"都城天街……有大小铺席，皆是广大物货，如平津桥沿河，布铺、扇铺、温州漆器铺、青白碗器铺之类"。南宋吴自牧成书于咸淳十年(1274)的《梦梁录》中"铺席"条载及临安（杭州）大街上，有："住大树下桔园亭文籍书房，平津桥沿河布铺、黄草铺、温州漆器、青白磁器。"又在"诸色杂货"条载有："酒市急须马盂、屈卮、滓斗、筋瓶……食托、青白磁器、瓯、碗、碟、茶盏。"南宋末年周密的《武林旧事》是一部追忆南宋都城武林(临安)城市风貌的专著，其中就记载有专卖青白瓷的店铺。南宋理宗宝庆元年(1225)任泉州市舶司提举的赵汝适撰成一部海外地理名著《诸蕃志》，较详细地记载了宋代中外交通及陶瓷对外贸易的情况，其中在谈及输往各国的中国瓷器时有九处提到"青白瓷器""青白花器"和"青白花瓷"，如在"阇婆"（今印度尼西亚）等地"番商兴贩用夹杂金银……漆器、铁鼎、青白瓷器交易"。南宋蒋祈的《陶记》是第一部记述景德镇瓷业的专著，书中也写道："若夫浙之东西，器尚黄黑，出于湖田之窑者也；江、湖、川、广器尚青白，出于镇之窑者也。"虽然蒋氏在这里所云"浙之东西"崇尚的"黄黑"釉瓷不

[2] 彭汝砺：《鄱阳集》卷1，《四库全书》，上海古籍出版社，1986年6月。

是湖田窑的主流产品,不能代表湖田窑宋代的高超制瓷技艺,但这是湖田窑首次见诸历史文献;所指大江南北广大地域内崇尚的青白瓷,产地当为景德镇窑,这是当时历史的真实记述,足见南宋时期景德镇地区以烧制青白瓷而闻名天下。

及至元代,"青白瓷"的称谓仍然继续沿用。航海家汪大渊在其所著《岛夷志略》中,专门列举用陶瓷器进行海外贸易的就达50余处,其中名为"青瓷"的15处、"青白花瓷"的16处、"青白瓷"的计3处、"处州瓷"的5处,如在"无枝拔"(今马六甲港口)条云:"贸易之货,用西洋布、青白处州瓷器、瓦坛、铁鼎之属。"在"罗卫"(今曼谷湾西北一带)条谓:"贸易之货,用棋子、手巾、狗迹绢、五花烧珠、花银、青白碗、铁条之属。"在"班达里"(今属印度)条称:"贸易之货,用诸色缎、青白磁、铁器、五色烧珠之属。"

明代瓷业生产已步入高度发展时期,随着釉下彩和釉上彩瓷的长足发展,青白瓷则逐渐被甜白瓷和其他颜色釉瓷所取代,仅是偶尔有所烧造而已。但就是在明代初期,"青白瓷"的名字依然未改,如费信的《星槎胜览》中,"满剌加国"(约在今马六甲州)条谓:海外贸易时"货用青白瓷器、五色

烧珠……之属"。

"青白瓷"的改名那是到清代以后的事。到了晚清民国时,有的人因为青白瓷有胎薄釉润、透光见影的特点而改称呼为"影青瓷",如刘子芬《竹园陶说》中说:"近年出土之器甚多,有一种碗、碟质薄而色白,微似定,市肆人呼为影青,以其釉色微带青色也。据言出自江西,为宋时所制。"许之衡《饮流斋说瓷》中也谓:"素瓷甚薄,雕花纹而映出青色者,谓之影青。"许氏在同一书中又将影青瓷中因胎颇厚只能一面隐约可见其青色者称之为"隐青",他说:"影青固甚薄之瓷也,乃有瓷质颇厚仅能一面影出青色雕花者,此则名为隐青。"还有的人因青白瓷胎质极薄,加以其釉色白中泛青,犹如罩上一层青色一样,故又称之为"罩青",如邓之诚《骨董琐记全编》中谈到青白瓷时说:"宋定白而不莹,其莹者罩青也。"

总之,上述这些所谓"影青瓷""隐青瓷""映青瓷"和"罩青瓷"等都是清代以后青白瓷的别名,尤以"影青瓷"的叫法最为流行。新中国建立以来,治陶瓷史者,见仁见智,有的称为青白瓷,有的叫为影青瓷,各持其说,莫衷一是。诚然,"影青"一词,确也在一定程度上反映出了青白瓷的基本特色,但是,这

种胎壁细薄、釉色素淡,也即瓷釉含青色而泛白,白中又显现青色的瓷种,取其介乎两者相兼的色调,称之为青白瓷,应该是比较贴切,也比较真实,加以这种新的瓷种在其出现之初就被称为青白瓷,此后,历经宋元迄明前后500余年,一直相沿未改,所以,近些年来,青白瓷一名更多地为陶瓷考古学家所采用,且已逐渐成为古陶瓷界对宋元这种新瓷种的专称[3]。

(二)一元论乎?多元论乎?——青白瓷的起源

青白瓷这种独树一帜的瓷种,究竟起源于何时?是始烧于一地抑或多地同时始烧?即起源是一元论还是多元论?这是个很值得深入探讨的问题。

较长时期以来,陶瓷考古界一般都认为"瓷器仿玉器始于宋代,以江西景德镇首先仿制成功"[4],青白瓷"北宋时创烧于景德镇"[5],"青白瓷是宋代以景德镇窑为代表烧制成的一种具有独特风格的瓷器"[6]。《中国陶瓷》一书更具体阐述称:"玉器历来属于稀有物,为统治阶层垄断专用,青白瓷是在青白玉可遇而不可求的情况下出现的,应是景德镇陶瓷匠师别出心裁地利用当地优质原料烧出了色质如玉的青白瓷,

[3] 冯先铭:《我国宋元时期的青白瓷》,《故宫博物院院刊》,1979年第3期。
[4] 冯先铭:《中国陶瓷考古概况》,《中国古陶瓷研究》,1982年第1辑。
[5] 汪庆正:《简明陶瓷词典》,上海辞书出版社,1989年版。
[6] 中国硅酸盐学会:《中国陶瓷史》,文物出版社,1982年版。

以满足消费者需求，从它出现的那天起就受到人们的喜爱，不久便赢得了假玉器的美称。"[7]这里涉及两个问题，一是青白瓷的起源，它是北宋初期景德镇窑工首先创造发明的；二是青白瓷的技术渊源，它是仿青白玉质的效果而烧制成的。当然最重要而关键的是第一个问题。

20世纪90年代以来，随着各地考古事业的蓬勃发展，有关古窑址的调查与发掘日趋增多，新的资料不断被发现，研究也更趋深入，在对青白瓷起源于何时何地的问题上，却有着明显不同的观点，其中影响较大的有以下两种：

一种是可谓传统观点说，即谓青白瓷创烧于北宋早期的景德镇窑。最具代表性的莫过于《景德镇湖田窑址》考古发掘报告中的表述，书中完整清晰地阐明青白瓷的起源和传播过程："入宋以后，景德镇各窑场在五代生产青瓷和白瓷的基础上，成功地创烧了青白瓷。……青白瓷的出现，很快为世人接受，其烧造技术也很快传播到江西境内的十余个县市，南丰的白舍窑、赣州的七里镇窑、吉安的永和窑(吉州窑)等均生产青白瓷。福建、广东、广西、浙江、湖北、湖南、安徽、河南等省区的一些窑场也相继开始生产青白瓷，形成了一个以

景德镇为代表的青白瓷烧造体系，其产品还远销海外。"[8]

另一种是可谓新视野论说，即谓安徽繁昌窑可能是最早大量生产青白瓷的窑场，时代在五代。主此说的当以黄义军为代表，她在考古新视野丛书之一《宋代青白瓷的历史地理研究》中说："是哪一个窑场率先烧制出受社会欢迎的青白瓷，才导致湖田窑、青山窑等窑场的模仿呢？从化学组成等方面分析，可以初步认为繁昌窑很可能是率先大量生产青白瓷的窑场。""10世纪中叶青白瓷已经出现，但它在一个大的地域内流行，并形成窑系，还要等到11世纪以后。"作者还从瓷业的生产规模、技术革新先后及辐射、销售范围与使用对象诸因素综合分析后认定："北宋中期以前，青白瓷的生产中心或中心窑场当在以繁昌窑为代表的皖南窑场。""北宋中期以后……景德镇成为青白瓷窑系当之无愧的新的生产中心。"[9]

上述两种观点，前者毫无疑问是根据景德镇的大量调查特别是考古发掘资料而得出来的结论，如最有代表性的湖田窑址，江西陶瓷考古学者仅在上世纪就曾进行过十次考古发掘，发掘揭露面积达6000多平方米，出土了数十万件陶瓷标本，在最下层的五

代地层中，虽出土了不少青瓷和白瓷标本，唯独没有发现有青白瓷标本，青白瓷标本到北宋早期地层中才开始出现。后者则是从另一个全新的角度开展对古代青白瓷制瓷手工业中诸多历史地理问题的研究，青白瓷起源的新观点仅是其中的一个，当然所依据的材料也都是各地的考古发掘资料，包括一些科技史料。在当今我国考古学研究包括陶瓷考古研究中多学科参与尚较欠缺的大背景下，作者如是的尝试性研究确具有"原创性"意义，应引起大家关注和重视。

但是，仅就青白瓷起源一题，是否一定是五代时期首先创烧于某个窑场，然后再传播到南北各地？这确有必要进一步讨论和探究。也就是说，青白瓷的起源是一元论抑或是多元论的老问题。

中国瓷器发展到南北朝时期，从总体来看，全国各地烧制的瓷器仍以传统的青瓷为主，但到北朝的晚期，在北方地区开始创烧白瓷，从而改变了长期以来以青瓷为主导的发展方向，这在中国陶瓷史上是件具有里程碑意义的大事。

唐代，我国的瓷器出现了"南青北白"的发展态势。北方地区，虽然有一些窑场依然烧造部分青瓷，但大量生产的主要是白瓷，而且白瓷一

[7] 冯先铭主编：《中国陶瓷》，上海古籍出版社1994年版，第404页。

[8] 江西省文物考古研究所、景德镇民窑博物馆：《景德镇湖田窑址—1988至1999年考古发掘报告》(上)，文物出版社，2007年版。此书以后各章节中凡征引湖田窑的出土资料而又未特别加以注释的，都应是引自此发掘报告。

[9] 黄义军：《宋代青白瓷的历史地理研究》，文物出版社2010年版，第61页、69页、107页、108页、120页。

时成为风尚，其中尤以邢窑白瓷"类银""如雪"而名噪一时；南方地区，虽然北方的白瓷给予了一定影响，但青瓷生产依然占据主导地位，其中尤以浙江越窑为最高水平。

这种"南青北白"的发展态势一直延续到唐末、五代。就在五代至北宋初年的50余年间，在大江南北的一些陶瓷窑场烧制青瓷和白瓷的制瓷匠师们，凭着他们的聪明智慧和丰富的陶瓷实践经验，开始孕育和创烧出一种名曰青白瓷的新型品种，这种开始创烧的青白瓷，我们姑且称之为早期青白瓷，其釉色特点有的近白瓷，却又微显青；有的近青瓷，却又泛白，即介于青、白两种釉色之间，这种新的瓷种一经出现，即得到社会各界的认可和青睐，很快在南方各地广为流行。至于具体说一定是某一座窑场最先创烧出第一件早期青白瓷，进而就认为是青白瓷的起源地，至少就目前的考古资料而论尚难以令人信服。因为，同样有考古资料证明，在十世纪中叶前后，全国各地有多个窑口都已经开始生产青白釉瓷器了。

如河南地区青白瓷的起源就可以追溯到五代。河南考古工作者在中牟县张庄村发现一处约30万平方米的制瓷场地，该窑创烧于唐代，中经五代、宋、金，直至元代才逐渐衰落。在五代至北宋早期地层中，就有青白瓷碗残片与青瓷碗片同出，两种釉色碗的造型特征都很相同，且都是在还原气氛中烧成，只是胎、釉的选料配方有别，青瓷胎料偏灰，胎料较粗，并以青釉为着色剂，因含铁量较高，在还原焰气氛中烧成，则呈青色或豆青色；青白瓷的胎料较为细白，特别是釉的含铁量较低，同样在还原焰气氛中烧成，器表则形成一层透明玻璃质薄釉，色呈白色，但在素白色釉中往往泛出一种青色，只是这时的青白瓷多为素面，即或有装饰也很简单粗犷，这些都足以表明河南地区的青白瓷是在早期青瓷和白瓷工艺技术交汇的基础上孕育而生的，而且其创烧的时间可以上推到五代甚或更早一些[10]。

前面提及的安徽地区的繁昌窑，早在五代就开始创烧青白瓷[11]。繁昌窑位于安徽省长江以南的皖江之滨，是以青白瓷为主要烧造品种的窑场，其窑址主要分布在繁昌县城的南郊和西郊的丘陵山地一带，诸如柯冲窑、姚冲窑、半边街窑、西门窑和骆冲窑等，其中以南郊的柯冲窑最大，面积约12万平方米，是繁昌窑的主要窑场。位于县城西郊的骆冲窑，也是主要烧造青白瓷的窑场，据早年科学发掘资料[12]，骆冲窑产品为高岭土胎，质细洁白；釉色浅淡，为白中略显青色，釉层均匀，釉面光亮，釉厚或积釉处开冰裂纹，玻化程度较好；已普遍使用匣钵装烧，也有少量用垫柱装烧，底部大多使用泥条垫圈或泥支钉垫烧，垫饼已经出现。其产品以碗（图1）、盘、碟、盏为主，另有少数粉盒、执壶、罐和香炉等，产品种类相对比较单一。碗、盘的造型特征为圆唇（有的称叠唇）、葵口（图2）、花口、翻沿、腹部出筋、大平底、短流壶等，都是五代时期的器物造型特点，也是皖南地区五代至北宋初期青瓷中一般最常见的器物。说明骆冲窑的始烧年代当在五代，其产品质量和工艺水平明显高于柯冲窑，是繁昌窑早期阶段的代表。只是该窑烧造时间较短，可能在北宋初期即已停烧。

2002年安徽省文物考古研究所、中国科技大学科技史与科技考古系以及繁昌县文物部门组成联合考古队，对繁昌窑的柯冲窑址进行了较大规模的正式考古发掘，此次发掘揭露出较完整的北宋早期大型龙窑窑炉一座、作坊基址一处，还获取了大量青白瓷器（图3）和匣钵等窑具标本。经对发掘资料的系统整理和研究[13]，大家认为柯冲窑的始烧年代亦为五代，因为在龙窑旁的堆积下层发现的青白瓷标本普遍具有五代风格，证实其下层应为五代地层；到北宋早期，柯冲窑达到鼎盛时期，北宋中

[10]　赵青云：《河南影青瓷的创烧与发展》，《华夏考古》，1988年创刊号；赵青云等：《河南青白瓷探源》，《中国古陶瓷研究会一九九五年会论文集》，《文物研究》总第10期。

[11]　胡悦谦：《安徽江南地区的繁昌窑》，1994年《东南文化》增刊第1期；陈衍麟：《繁昌窑的釉色及造型工艺》，《中国古陶瓷研究会一九九五年年会论文集》，《文物研究》总第10期。

[12]　阚绪杭：《繁昌窑骆冲窑遗址的发掘及其青白釉瓷的创烧问题》，《文物春秋》1997年增刊。

[13]　《安徽繁昌发现北宋前期龙窑窑址》，《中国文物报》，2002年12月4日；中国科技大学科技史与科技考古系等：《安徽繁昌县柯家冲瓷窑遗址发掘简报》，《考古》2006年第4期；繁昌县博物馆编著：《繁昌窑青白瓷集萃》，文物出版社，2013年。

图1.青白釉圆唇碗（繁昌骆冲窑址出土）　　　　　　　　　　　图2.青白釉葵口圈足碟（繁昌骆冲窑址出土）

图3.青白釉敞口圆唇碗（繁昌柯冲窑址出土）

期以后逐渐走向衰落，前后延续达200年。

显然，繁昌窑尤其是其中的柯冲窑下层和骆冲窑的早期青白瓷产品，应是在皖南地区青瓷的基础上孕育发展起来的，其釉色是吸收白釉而创烧出来的新瓷种，其产品如圆唇小盏等曾于南京南唐二陵及南唐宫殿遗址出土，表明其曾为南唐国生产过贡瓷，有的学者研究后甚至认为，繁昌窑应该就是文献中记载的南唐国的贡瓷"宣州窑"[14]。当然，有关繁昌窑的"贡瓷""宣州窑"乃至外销窑口等诸多问题尚待进一步研究，但从国内已有的大量考古资料来看，繁昌窑至少在五代时期就已经烧造青白瓷，是我国最早烧造青白瓷的主要窑场之一。

此外，湖北省考古工作者在"湖泗窑的发掘再次证明宋代青白瓷并非景德镇一家独有"。"青山窑同时烧造青瓷、青白瓷和白瓷，及少量黑釉瓷……五代至北宋初，两窑产品多系精细中高档瓷器，主要是青白瓷器，其次为白瓷和一部分青瓷"[15]。

上述河南、安徽、湖北的考古新资料，表明青白瓷的起源并不是"北宋时创烧于景德镇"，也并非是公元10世纪前后"率先创烧于皖南繁昌窑"，而是早在五代至北宋初年就有多地窑口开始烧制，也就是说是多元论，而非是一元论。

那么，江西景德镇窑烧造青白瓷究竟开始于何时？是不是北宋初年由于受到皖南繁昌窑的影响而产生的？五代时景德镇窑究竟有没有创烧青白瓷？这是关系到五代时期景德镇地区的窑业情况及瓷业发展水平的一个至关重要的问题，也是个较复杂的问题。

在古代文献中，虽然尚不见有景德镇五代瓷业的记述，但根据景德镇文物考古工作者的多年全面调查资料[16]，至今发现五代时期的窑址20余处，主要分布在南河和小河南两岸以及今市区范围。南河和小河南两岸有湖田、杨梅亭、三宝蓬、黄泥头、铜锣山、道塘里、盈田、月光山、南市街、半路港、白虎湾、湘湖、寿安、枫树山等；市区范围有落马桥、十八渡、社公庙、新厂（轻工部陶瓷研究所院内）、李家坳和董家坞等。市区诸窑因历年基本建设扰乱破坏较大，南河一带诸窑则以黄泥头规模较大，保存也较完整，窑业遗物堆积已有一定的范围和厚度，约厚1～2米，其地层堆积大体可分三个时期：第一层为北宋前半期堆积，第二层为北宋初期堆积，第三层即下层为五代时期堆积。

这些五代时的窑址，从至今已发现的遗物看，其产品主要以碗、盘、盏、碟等日用器皿为多，钵、盂、枕等

产量较少，其造型特征与同时期的其他窑址的青瓷和白瓷器类大同小异。其胎釉大体可分为灰胎青瓷和白胎白瓷两大类，根据科技史学者对景德镇五代瓷窑遗址出土的青、白瓷标本进行测试的结果[17]，青釉瓷的灰胎是由于其胎中三氧化二铁的含量为2.19%以上，还有1.41%的氧化铁和1.21%的二氧化锌，说明青瓷胎采用的是瓷石加含铁量较高的黏土制作的；青瓷釉料同样因三氧化二铁的含量较高，也达1.43%以上，尚有0.56%的氧化铁，故在还原焰中烧成，釉色青中微黄，与越窑艾色极其相似。白釉瓷的胎料中含三氧化二铁只有0.77%，是用一种瓷石原料成型，而且这种瓷石是硅含量较高、铁含量极低的所谓高硅低铁瓷石，用这种瓷石烧制的白瓷，胎质细腻致密，其烧成温度为1150℃～1200℃，气孔率仅为0.81%；白瓷釉料中三氧化二铁的含量极微，只有0.73%，氧化钙的含量为10.92%，是以石灰为熔剂的重石灰釉，再配选钾、钠含量相对较高、三氧化二铝含量低的瓷石制成，施用这种釉料而烧制的白瓷，半透明度更强，瓷化程度更高，釉色更纯正润泽，其白度达70度以上，几乎和现代瓷没有差别，故为五代时期全国同类窑场中质地最优产品。

也就在这些优质白瓷中，有的白瓷并不是那样质白如雪，而是其釉色白

[14] 杨玉璋等：《安徽繁昌窑遗址发掘与研究》，中国科技出版社，2010年。

[15] 湖北省文物考古研究所：《武昌青山窑遗址发掘简报》，《江汉考古》1991年第4期；贺士伟等：《湖泗窑考古发掘获重要发现》，《中国文物报》，1996年5月12日；陈文学：《湖北青山窑考古的重要收获》，《中国文物报》，1997年7月27。

[16] 江建新：《景德镇窑业遗存考察述要》，《江西文物》，1991年第3期。

[17] 李国桢 郭演仪：《中国名瓷工艺基础》，上海科学技术出版社，1988年。

里近灰甚至泛点青色，有学者称之为"与影青近似的精美白瓷"[18]。有的学者用30倍显微镜观察它的发泡率，发现"与北宋中晚期较为成熟的青白釉质一脉相承，如同出一辙"[19]。故此，我们认为，五代时期景德镇窑烧制的这种所谓白瓷应该就是早期青白瓷，它应从白瓷类中区分出来。这里可介绍几件完整器类以证之：

例一，青白釉小足碗，白虎湾窑址出土。圆唇，斜壁，圈足边宽，足径较小。胎质洁白，釉白中泛青，色泽晶莹，小开片。圈足边沿与内底均有支钉痕，说明该器是采用支钉叠烧法烧成。口径13.4厘米，足径4.5厘米，高4.0厘米（图4）。

例二，青白釉葵口盏，1979年开辟广场北路时在工人新村窑址出土。六瓣葵口，弧壁，内平底，腹外壁为瓣形，圈足，圈足外直且内壁外斜而显得足壁偏窄。胎白，釉白里显青，无开片，有积釉现象，积釉处更泛青色。器内满釉无损，只圈足边沿有5个支钉痕，外壁口沿有匣钵黏渣，说明这件青白瓷已不是支钉叠烧，而是使用了单件支钉仰烧。口径10.3厘米，足径4.3厘米，高3.3厘米。

例三，青白釉葵口盘，丰湾大坞口窑址出土。葵口（有的称花口），弧壁，内大平底，外壁也为瓣形，矮宽圈足，底厚。胎洁白致密，釉白中微泛青色，釉微流淌，形成"泪痕"，无纹片。内底无支钉痕，圈足边沿倒有钉痕，当也应是采用单件匣钵仰烧所致。口径13.6厘米，足径6.7厘米，高3.4厘米（图5）。

显然，从上述三件青白釉碗、盏、盘的造型诸特征看，都是景德镇五代窑址中出土的青瓷和白瓷的常见器类，唯其釉色白中显青，近似尔后宋代的青白瓷。尽管这种早期青白瓷粗看起来，胎质显得较粗，呈色灰白，青白釉也泛灰或黄，但总的特征不是白瓷而是青白瓷，因此它的出现已足以证明，五代时期的景德镇也已开始创烧出早期青白瓷。

如果说，上述数例还仅是孤证尚无科学地层依据的话，那么新世纪以来的考古发掘却为我们探索景德镇青白瓷的起源提供了全新资料。

江西陶瓷考古学者为配合基本建设，曾在2006年间先后对景德镇昌江区铜锣山和道塘里两处瓷窑址进行了科学发掘，出土资料证明这是两处以

图4.青白釉圆唇小足碗（白虎湾窑址出土）

图5.青白釉葵口盘（丰湾大坞口窑址出土）

[18] 李一平：《景德镇五代窑业初探》，《景德镇出土陶瓷》，香港大学冯平山博物馆，1992年7月。
[19] 赵文斌：《"饶玉"新证》，《景德镇陶瓷》，1990年第4期。

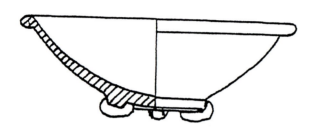

图6.青白釉圆唇盖（铜锣山标本）

图7.青白釉圆唇盏（道塘里标本DT5②：11）

烧造青白釉日常用瓷为主，兼烧少量青釉、酱釉瓷器的综合性窑址。对两处瓷窑的烧造年代，研究者认为基本相同，铜锣山窑址"其上限或可早到五代晚期，下限当在北宋晚期，不晚于南宋"[20]。道塘里窑址"其上限在北宋早期或可早到五代晚期，下限当在北宋中期，超不出北宋晚期"[21]。从两处窑址特别是铜锣山最下层（第④和第③层）即第一期出土的早期青白瓷来看，的确不少明显具有五代晚期风格：

如A型Ⅰ式盏，厚圆唇（有的称唇口），唇沿外卷，斜弧腹，圈足浅矮。两处窑址中都有出土，铜锣山标本T2③：1口部粘有窑渣，外足墙有5个支钉痕。灰白胎，青白釉泛灰色。口

径12.4厘米、足径4.2厘米、高3.8厘米（图6）。道塘里标本ＤＴ5②：11，灰白胎，内满釉，外壁不及底施青白釉，内壁留有窑斑。口径10.8厘米、足径4.4厘米、高3.2厘米（图7）。这种厚圆唇浅弧腹早期青白瓷盏的造型与南京五代南唐二陵出土的白瓷盏很相近[22]。当然，此类形制的盏一直延续到北宋早期。

又如Ｂ型Ⅱ式瓷盏，腹较Ⅰ式深，内底平坦，口沿有六个小缺花口（有的称葵口），外腹壁对应处呈瓜棱状。铜锣山标本T3②：22，内底粘有一匣钵残片，外底粘有扁平圆形垫饼。灰白胎，青白釉泛灰色。口径11.8厘米、足径4.2厘米、高4厘米（图8）。

道塘里（原报告称为C型花口盏）标本ＤＴ4①：5，六瓣花口，腹壁与口沿对应处呈瓜棱状。内底粘有匣钵。灰白胎，青白釉泛灰色。口径9.8厘米、足径3.7厘米、高4厘米（图9）。这种花口盏或称葵口盏与前述1979年在景德镇市工人新村窑址出土的那件青白釉六瓣葵口盏的造型完全相同，时代无疑都是五代遗物。

值得注意的是，前面所举三件和铜锣山、道塘里窑址出土的诸例早期青白瓷，不仅器类相同，而且其胎、釉的特征也表现出明显的共性，即胎质洁白或灰白，釉色泛青、泛灰或闪黄，多开冰裂片。从它们各自不同程度保留有支钉或匣钵的遗痕看，其烧造工艺也

[20]　江西省文物考古研究所等：《江西景德镇竟成铜锣山窑址发掘简报》，《文物》，2007年第5期。

[21]　江西省文物考古研究所等：《江西景德镇道塘里宋代窑址发掘简报》，《文物》2011年第10期。

[22]　江西省文物考古研究所等：《江西景德镇道塘里宋代窑址发掘简报》，《文物》2011年第10期。

完全相同，即有的是采用多支钉的叠烧法，但也有不少是采用了少量支钉或垫圈、垫饼的单件漏斗状匣钵仰烧法，即多种烧造方法并用，而以后一种更先进方法为主，这应该就是从五代到北宋初期这一过渡时期景德镇窑烧瓷技艺的真实反映。所以说，铜锣山、道塘里两窑址烧制早期青白瓷的年代，也即铜锣山第一期的年代当应在五代晚期。这一年代的确定，对探索我国青白瓷的起源、生产、发展及其早期烧造历史具有重要意义。正如报告编写者指出的，铜锣山、道塘里"窑址有可能是最早成功烧造青白釉瓷器的窑址"。[23]

还有必要特别指出的是，前述景德镇白虎湾、丰湾大坞口以及铜锣山、道塘里等窑址出土的早期青白釉瓷器，无论从器类、器型、釉色以及烧造工艺诸方面看，都与皖南繁昌骆冲窑、柯冲窑出土的早期青白釉瓷器表现出某些相同或相近，都具有五代时期的瓷器造型和工艺特征。正因为它们均处于同一时期即10世纪中期前后的窑场，皖南与赣东北地区又山水相连，两地窑场的工人在陶瓷工艺上相互学习交流那是完全有可能的，但至今出土的资料足以证明，景德镇地区白虎湾、铜锣山和道塘里等窑址烧造青白瓷并非是北宋初年由于受到皖南繁昌窑的影响而产生的，而是如同安徽繁昌窑、河南张庄窑和湖北青山窑一样，也都是在自身烧制青瓷和白瓷的基础上，特别是在釉色上汲取优质白瓷的经验而孕育创烧出来的新品种。景德镇窑同样是最早成功烧制青白釉瓷器的窑场之一。它同安徽、河南等地窑场同时崛起、异地始烧，共同为中国陶瓷工艺的发展和创新作出了重要贡献。

至于青白瓷的创烧是否一定是刻意仿照青白玉器的问题，似也有进一步探讨的必要。主张青白瓷的出现是刻意仿照青白玉器的论据是：宋代某些瓷窑曾经在质感、装饰特征等方面

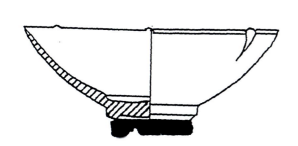

图8.青白釉葵口盏（铜锣山标本）

图9.青白釉葵口盏（道塘里标本DT4①：5）

---

[23] 江西省文物考古研究所等：《江西景德镇道塘里宋代窑址发掘简报》，《文物》2011年第10期。

模仿其他工艺品,如漆器、金银、丝织品;从韩国新安海底沉船中发现的一件元代青白瓷碗上刻有"玉出昆山"四字;李清照的《醉花阴》一词中称赞青白瓷枕为"玉枕",等等,从而得出青白瓷仿青白玉器的结论。

但是,宋瓷模仿过其他工艺品并不意味着景德镇的窑工一定要模仿青白玉器;而元代青白瓷碗上的"玉出昆山"四字和李清照词中的"玉枕"一词,和前面所引彭汝励、蒋祈称景德镇瓷器为"琼玖""饶玉"一样,都是对宋、元典型青白瓷的赞美之词,不足为据。因此,在没有发现确凿的证据之前,似不能认为青白瓷是仿照青白玉器而烧造的。难以想象在烧造技术还比较落后的五代和北宋初期,景德镇陶工不去想法子改进制瓷技术,而去有意识地模仿青白玉器。我们认为,青白瓷的出现经历了一个由偶然到必然、由初级到高级的发展过程。从前述景德镇等地五代时所创烧的早期青白瓷来看,其具体产生的过程,大概是由于青釉面烧结黏度小而易于流淌的缘故,结果釉薄处泛白,积釉处则呈水绿色,这种介于青釉与白釉之间的青白釉色,近似当时社会生活中广为人们喜爱的青白玉的效果,在某种意义上比之类银、类雪的白瓷更

有韵味。因而它一经烧成,即吸引了景德镇窑工的极大关注和特别兴趣,也就在这种青白釉色的启发下,他们就有意识地加以模仿,并不断总结经验,尤其在材质方面尽力设法追求那种青白玉的效果,从而扬弃青瓷和白瓷,改为专烧青白瓷,到北宋中期时已超过全国其他地区,成为全国青白瓷系的代表和中心。

(三)湖田窑的规模与分区

据前所引文献得知,早在南宋时期的蒋祈《陶记》中就有关于"湖田窑"烧制瓷器的记载。在南宋鄱阳人氏洪迈《夷坚志》中也曾写道:"饶州景德镇湖田市,乃烧造陶器处也。"[24]足见远在宋时,湖田就是闻名遐迩的著名窑场了。

明、清以降,古文献和地方志书中有关湖田窑的记述则更多。如清雍、乾之际的《南窑笔记》中则确凿地记述湖田是"由五代及宋、元、明"延续烧造时间很长的一个窑场。

近现代陶瓷学者对湖田窑的考察和研究更趋频繁。1937年英国青年学者普兰柯斯东首次到湖田窑进行考察,并

作了详细记录,回国后将湖田窑介绍到了欧洲[25]。

新中国成立后不久,故宫博物院古陶瓷专家陈万里先生曾对杨梅亭、白虎湾以及湖田窑等窑场进行了考察[26]。后来科技史学者周仁、李家治等先生对湖田窑出土瓷器的胎、釉的化学组成进行了检测和研究[27]。对湖田窑进行系统考察那是在1972年以后。那时,湖田窑窑场因基建遭到破坏,景德镇陶瓷历史博物馆的刘新园、白焜先生对窑址诸多重要遗迹进行了抢救性清理和试掘,其中重要的有1972年在乌鱼岭东面清理出明代葫芦窑一座;1977年在乌鱼岭顶部清理出明代马蹄窑一座;1978年在乌鱼岭(原报告称乌泥岭)清理出宋末元初残破龙窑一座;1979年在南河北岸的印刷机械厂院内清理出元代后期残窑一座,形制非龙窑,而是近似尔后的所谓"镇式窑"。

他们在清理、试掘这些遗存的同时,还深入地对出土瓷器标本从造型、纹饰、装烧工艺等多方面进行综合性研究,先后撰写出《景德镇湖田窑考察记要》等多篇高水平的考察研究论文[28],不仅对湖田窑从五代至明中期各期圆器类产品的时代特征及其形成原因作了全面系统的研究,还对各个不同时代圆器

[24] 南宋洪迈:《夷坚志》补卷第十七"湖田陈曾二"条。

[25] 转引自李一平:《宋代的湖田窑》,《南方文物》2003年第1期。

[26] 陈万里:《景德镇几个古代窑址的调查》,《文物参考资料》,1953年第9期。

[27] 周仁、李家治:《景德镇历代瓷器胎、釉和烧制工艺的研究》,《中国古陶瓷研究论文集》,中国轻工出版社,1982年。

[28] 刘新园:《景德镇宋元芒口瓷器与覆烧工艺初步研究》,《考古》1974年第6期;刘新园、白焜:《景德镇湖田窑考察记要》,《文物》1980年第11期;刘新园:《景德镇湖田窑各类典型碗类的造型特征及其成因考》,《文物》1980年第11期;刘新圆、白焜:《景德镇湖田窑各期碗类装烧工艺考》,《文物》1982年第5期。

的装烧工艺作了深入的探析，在文物考古界产生了巨大反响。与此同时，文物管理部门对湖田窑的保护日趋重视，1979年成立了湖田窑遗址文物保护所。同年对新试掘的明代葫芦形窑和马蹄形窑修建起了保护房和围墙，并对陈家坞(现中国航空工业总公司第602研究所招待所大院)、望石坞、琵琶山、乌鱼岭等重要窑包也修建了保护围墙。1982年国务院正式公布湖田窑为全国重点文物保护单位，保护范围达40万平方米，正式实施有效保护。同年，湖田窑遗址陈列馆正式成立，与湖田窑遗址文物保护所合署办公。2003年5月，湖田窑遗址陈列馆更名为景德镇民窑博物馆，具体肩负起湖田窑的保护、管理和研究工作。

随着湖田窑址文物保护等级的提升，其所在地的基本建设与窑址保护之间的矛盾日益突出，故此，从上世纪80年代中期以后，江西省文物考古研究所会同景德镇市文物考古工作者为配合602所的基本建设前后进行多次考古发掘，仅1988年至1999年十一年间，就进行过10次共计13个基建项目的抢救性考古发掘，发掘面积达6000余平方米，尽管发掘完全是被动地配合基建，即哪里搞基建就在哪里发掘，基建范围多大，发掘范围基本也就多大，给发掘带来一定的局限性，但十次的考古发掘仍取得了前所未有的可喜成果，它集中反映在历经七载寒暑、八易其稿的《景德镇湖田窑址》专题发掘报告中，虽是一本田野发掘报告，却熔铸了发掘者们多年来对湖田窑研究的众多学术成果[29]，这里仅择其主要几个方面略进行介绍：

首先，通过调查与十次科学发掘，基本摸清了整个湖田窑各个时代窑业遗存分布的基本规律：北宋遗存遍布全区，堆积最厚。五代、北宋早期堆积主要分布在南面的南山脚下，而元、明时代的堆积则主要分布在北面傍依南河的台地上。窑业堆积分布区域的界定，为以后的文物保护和考古发掘起到了指导性作用。

其次，通过十次科学发掘，出土了丰富的遗迹和遗物，仅出土陶器、青釉器、酱褐釉瓷、黑釉瓷、白釉器、青白瓷、卵白釉瓷、青花瓷等各类文化遗物就达数十万件，时间涵盖五代、北宋、南宋、元、明时期，前后延续达七百余年。依据这些典型探方的地层划分和典型遗迹的出土遗物，先生们运用地层学和类型学理论，并结合纪年墓葬出土资料，建立起了更为科学的湖田窑窑业堆积的分期序列，即将七百年的湖田窑的窑业堆积划分为九期十一段[30]。这种科学的分期"不但让人们从纵的方面对湖田窑的发展史有一个比较清晰的认识，而且从横的方面对湖田窑的生产状况也有了比较全面的了解，为景德镇地区同时期其他窑址的分期和断代提供了资料和标尺"。

第三，通过十次科学发掘，揭露出各类窑业遗存诸如淘洗池、炼泥池、陈腐池、辘轳车基座、拉坯、刹合坯、装坯和釉缸等作坊遗迹和葫芦窑、马蹄窑、龙窑等多种型制窑炉遗迹以及灰坑、水井、匣钵墙、房屋基址等大量生活遗迹，还出土了不少一般窑址中少见的制瓷工具。这些，无疑都在一定程度上再现和复原了湖田窑宋元时期瓷器制作和烧造的真实面貌，为全面研究湖田窑历代制瓷工艺和技术提供了极为宝贵的第一手资料。

1992年至1993年间，根据国家文物局的指示，中国社科院考古研究所与江西省文物考古研究所还对湖田窑遗址的保护范围进行了全面重新核查，除采集了大量各时代的瓷片标本外，主要划出了窑址的重点保护区和一般保护区，核定保护范围26万平方米。重点保护区为：张家地、豪猪岭、狮子山、龙头山、乌鱼岭、刘家墩、木泥岭、琵

---

[29] 江西省文物考古研究所、景德镇民窑博物馆：《景德镇湖田窑址——1988至1999年考古发掘报告》(上、下)，文物出版社2007年。

[30] 九期十一段，即第一期为五代；第二期分前后段，前段为宋真宗景德元年(1004)至乾兴元年(1022)，后段为宋仁宗时期(1023至1063)；第三期分前后段，前段为宋英宗至哲宗期间，即1064至1100年，后段为宋徽宗至钦宗期间，即1101至1127年；第四期为南宋早、中期，即1127至1224年；第五期为南宋晚期，约当1225至1279年；第六期为元前期，即1279至1320年；第七期为元后期，约当1321至1368年；第八期为明中期的成化至弘治年间，即1465至1505年；第九期为明中后期的正德至嘉靖年间，即1506至1566年。

琵山、南望石坞、北望石坞和葫芦窑等（图10）。重点保护区主要是窑炉和窑业垃圾；一般保护区主要是当年的作坊区和生活区。通过此次核查，为今后的基本建设和考古工作划出了范围。

新世纪以来，江西省考古工作者为配合602所基本建设，在一般保护区内也进行过几次抢救性考古发掘，揭露出一些作坊遗迹群甚至窑炉遗迹等，也出土了大量宋元明时期的文化遗物，如2002年至2003年在南河南岸(602所原子弟学校操场)的发掘，除出土一批元明时的瓷器标本外，还发现一处元代码头遗址，计有码头护坡墙、仓储基址和青

砖路面等遗址，这是至今湖田窑遗址发现的保存最完整，规模最大的元代码头遗址。更值得注意的是尚发掘清理了一座元代龙窑，这是目前国内发现的保存最完好的烧造元青花的龙窑[31]。

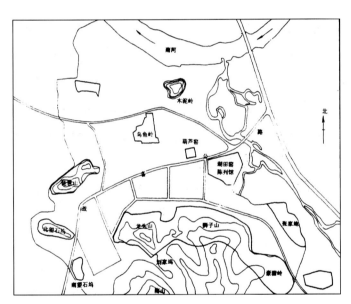

图10.湖田窑址重点窑包分布图

[31]　徐长青、余江安：《湖田窑考古新收获》，《故宫博物院院刊》2004年第8期。

第三章 | 湖田窑各时期产品的种类及特征

前已述及，《景德镇湖田窑址》发掘报告的编著者，依据多次发掘的典型探方的地层划分和典型遗迹出土器物组合进行排列对比，将湖田窑的窑业堆积分为九期十一段，即区分得较细，这无疑是科学有据的，尤其对编写考古发掘报告更应如此。这里，我们想以此报告的分期为基础，并参照其他一些学者的意见[1]，从湖田窑的烧造瓷器的器类、型制的演变、器物装饰特征、胎釉的变化、制瓷技艺的改进发展以及内因到外因条件的变化等多方面因素考虑，对七百年间湖田窑的制瓷发展历史试作一大的概略分期：

（一）湖田窑青白瓷的创烧期：五代至北宋早期

（907—1022）

即五代、宋太祖建隆元年（960）至宋真宗乾兴元年（1022）。这一时期的百余年间，是景德镇窑也是湖田窑从烧造青瓷和白瓷向孕育创烧青白瓷，最后以烧造青白瓷为主的大转变时期。

五代时期，湖田窑和景德镇其他窑口诸如杨梅亭、白虎湾、黄泥头、湘湖等窑场一样，其窑场规模和烧瓷技术水平无高下之分。湖田窑五代时期的窑区主要在南面的南山脚下，诸如狮

---

[1] 斐亚静：《简论景德镇宋元时期青白瓷器》，中国陶瓷学会编《中国古陶瓷研究》第五辑，紫禁城出版社，1999年。

子山北侧、刘家坞东坡和西南（现统称龙头山）、豪猪岭、竹坞里和琵琶山南麓等地，其产品主要为灰胎青瓷和白胎白瓷两大类[2]。早年刘新园等先生在龙头山西南清理了一处堆积，分上下两层，下层产品皆为灰胎青釉器，上层除青瓷外，尚有白瓷[3]。青瓷与唐五代越窑器胎釉相似，白瓷瓷胎致密，透光度极好，为我国同期瓷器中质地最优的产品。青瓷和白瓷的器类和形制相同，总的比较单调，均属日用品，主要以碗、盘、碟居多，亦有少量执壶、罐、铫（又称急须）和瓶等。碗有侈口碗，但更多是葵口碗和唇口碗，且多为大圈足，圈足外墙直，内墙斜削，足端宽平，露胎处可见火石红，器内外施釉，只是有的施青釉，有的施白釉。盘多作葵口，弧腹，有的腹壁与葵口对应处呈瓜棱状。执壶发现有两种形制，一种作长颈喇叭口，壶身瘦长，腹部呈瓜棱状，颈肩部塑曲短流，与之对称的另一侧塑扁长形把手，施青绿釉；另一种喇叭状口，圆鼓腹，矮圈足，颈肩部塑短流，与之对称的另一侧塑扁弧形把手，白胎，施青黄釉。罐为直口，圆折肩，上腹鼓下内收，圆饼足底内凹，颈肩处置扁平环状系，灰胎，青釉。所有碗、盘、碟的足沿和内底都有不等的支钉痕，有的多达17处之多。

上述湖田窑那种唇口大圈足白瓷碗与附近铜锣山和道塘里两窑址出土的厚圆唇浅弧腹早期青白釉盏无论其器形与釉色均相近，与1990年江西九江五代南唐保大十二年(954)周一娘墓出土的唇口青灰或青黄釉盏(10件)[4]、1986年江西会昌西江乡碹垹村五代墓出土的厚唇白瓷碗[5]、1998年江西会昌西江镇湾兴村五代墓出土的厚唇、大圈足早期青白釉碗[6]以及南京五代南唐二陵出土的白瓷盏都很类同[7]。湖田窑那种葵口、外腹斜壁对应处呈瓜棱状的大圈足青瓷碗，也与九江五代南唐周一娘墓出土的相同。湖田窑那种多见的葵口弧腹呈瓜棱状盘，与1998年会昌西江镇湾兴村五代墓出土的三件葵口、腹外壁压印10道凹条纹的青釉、青白釉碟(实应称盘)相近[8]，故此将湖田窑的上限年代推定为五代是符合历史真实的。

既然湖田窑五代时既烧青瓷也烧白瓷这是不争的事实，那么有否可能在这些烧制的白瓷中有一部分是白里显青的早期青白瓷呢？笔者认为，如同杨梅亭等其他窑址一样，这完全是有可能的。就以1999年H区主干道发掘出土的一件大圈足白瓷碗来说，口沿已残，仅存碗底，内满釉外不及底，但为白胎，釉白微黄（图1）；另一件花口浅腹圈足碟，也系灰白胎，釉

图1.白瓷碗残片　　　　　　　　　　　　图2.白釉葵口碟

[2]　《景德镇湖田窑址》发掘报告在第一期即五代遗存中只谈到"主要生产青瓷器"，未提及白瓷。但在1999年9至10月间第10次对湖田窑H区附属主干道抢救性发掘的简报中却介绍出土有白瓷碗和碟，见江西省文物考古研究所等《景德镇湖田窑H区附属主干道发掘简报》，《文物》2001年第2期。

[3]　刘新园、白琨：《景德镇湖田窑考察纪要》，《文物》1980年第11期。

[4]　刘晓祥：《九江县五代南唐周一娘墓》，《江西文物》1991年第3期。

[5]　会昌县博物馆：《会昌县西江发现一座五代墓》，《江西历史文物》1987年第2期。

[6]　池小琴：《江西会昌发现晚唐至五代墓葬》，《南方文物》2001年第3期。

[7]　南京博物院：《南唐二陵发掘报告》，文物出版社1957年版。

[8]　池小琴：《江西会昌发现晚唐至五代墓葬》，《南方文物》2001年第3期。

图3.青白釉葵口圈足盘

白泛黄，釉开细纹片（图2）。这两件白瓷碗和白瓷碟，均为白胎，釉色均白中微黄或泛黄，有的开细纹片，这正是早期青白瓷的特点。

再以江西会昌西江乡碳垅村五代墓出土的10件白瓷碗、碟、盏来说[9]，其白瓷碗"胎白色，施白釉外不及底，釉色泛青闪黄。碗内底四周有11个支钉痕迹"。白瓷敞口碟"内底四周有8—14个支钉痕迹。下底不施釉，中心有一小圆形凸块，胎质洁白细腻，施白釉略显青色，局部有冰裂纹"。白瓷莲花口盏"胎质洁白细腻，釉色白中闪黄，呈米黄色，有冰裂纹"。显然，所谓"釉色泛青闪黄"和"白釉略显青色"等釉色特征，实际就是青白瓷或更准确地说是早期青白瓷的特征，发掘者认为这批白瓷特征"与景德镇湖田窑和湖南长沙地区出土的五代白瓷碗碟极为相像"，我们认为，虽不能说这批早期青白瓷都是景德镇

湖田窑的产品，但也不排除有部分是湖田窑烧造的可能性。

从全国瓷业来看，五代的瓷器品种丰富，不仅有日用瓷，而且有供人欣赏的陈设瓷以及瓷雕和瓷俑等器物。造型和纹样都向着优美秀丽、工致繁缛的方向发展。但是，当时景德镇包括湖田窑烧造的瓷器品种还均属日用品，以碗、盘居多，亦有少量壶、瓶之类，这种品种结构似乎可以表明，其时湖田诸窑的烧造目的主要在于满足日常使用和少量商品交换的需要。另一方面也可表明其时湖田窑的瓷工虽然掌握了部分琢器产品的成型方法，但还未普及，更没有形成圆、琢二器的专业化，其成型和装烧技术还主要采用叠烧方法，故瓷器的变形比较普遍，废品率也比较大。因而综观五代时期的湖田窑，无论是在技术水平、产品质量以及知名度等方面，都不能和同时代的先进窑场——

越、定等窑相提并论。

至北宋早期，随着大一统局面的形成，社会的稳定，经济的复苏，景德镇诸窑场包括湖田窑的窑工们在五代基础上，继续开展对时人青睐的青白瓷工艺的研发和改良，使青白瓷的胎质、釉色更趋精美，故而很快博得了朝野乃至真宗皇帝的高度赞誉，将昌南镇改为景德镇(1004)，并以其"景德"年号名之。北宋早期的湖田窑就基本以烧造青白瓷为主，其产品和烧制工艺主要有如下几个特点[10]：

第一，青白瓷器类，多继承晚唐、五代风格，器足浅矮宽大，器身低矮，多仿金、银器，作瓜棱状和葵口形，不仅圆器，琢器类明显增多，诸如碗、盘(碟)（图3）、温碗（图4）、执壶、盏托、炉、大盘口瓶、大粉盒、鸳鸯粉盒、婴儿枕、长方形枕和多管器等，其中仍以碗、盘居多，几占产品总量的90%以上。

[9]　会昌县博物馆：《会昌县西江发现一座五代墓》，《江西历史文物》1987年第2期。

[10]　参见江西省文物考古研究所等：《景德镇湖田窑址》(上)，文物出版社，2007年版，第449页、450页。

第二，器表装饰尚不普遍，以大量的碗、盘为例，有装饰的仅占50%左右，有的仅在外壁用刮刀刮出简单的菊瓣纹(图5)、折扇纹或莲瓣纹，有的在碗、盘的器内壁或底心刻划折枝牡丹或折枝花果或折枝菊纹等，且一般多用粗线刻划，有的有明显的钝器划纹迹象。一些炉、壶和注碗的外壁也用粗线刻划出缠枝菊或牡丹图案。这时的"半刀泥"技法尚未出现，总的来说其刻划工艺尚处于初级阶段。

第三，一般胎质较粗，修坯不够光滑；釉面普遍较薄，多混浊而不透，釉色多为青白泛土黄，或青白泛灰，少数为青白泛绿，即呈纯正青白色的不多。因釉层较薄，常可看到器物外壁的利坯刀痕，釉层流动也较少，故器物烧成后的足部往往有不规则的露胎。

第四，此时器物的装烧虽有的器物如圈足大盘、小圈足盏等仍延用五代的支钉叠烧法，只是支钉数量大为减少，只有3到7个支钉不等，而大多数是使用漏斗状和桶状匣钵以及小于器物圈足的高垫饼和泥条垫圈装坯入窑的所谓"仰烧法"，而且是一匣一器地烧制。从外观上观察，可能垫具材料与匣具材料基本一致，加以垫具的含铁量较少，或者由于器物胎质本身偏灰的原因，圈足及器物的底部基本不见或少见褐色的垫烧块痕。

（二）湖田窑青白瓷的发展鼎盛期：北宋中、晚期

（1023—1127）

即宋仁宗天圣元年（1023）至钦宗靖康二年（1127）。经过北宋早期四十余年的恢复和整顿，到北宋中期以后，赵氏政权不仅得以稳固，且农业和手工业经济进入快速发展期。景德镇的瓷业同样得以长足发展，据初步调查统计，仅各类大小不同窑场就近140余处，南河流域更是"村村陶埏，处处窑火"[11]。而且所有这些窑场都是以生产青白瓷为主体，其中规模最大、产品最多、质量最高、最具代表性的无疑是湖田窑，不仅是景德镇百余座窑场就是南、北各地域其他青白瓷窑场都是无法比拟的。所以说，北宋中、晚期的百余年间的湖田窑，是景德镇生产青白瓷数量最多、质量最高且其瓷艺技术不断趋于成熟并达到炉火纯青的发展鼎盛时期，是宋代南方青白瓷系的代表，其质量真正达到了"薄如纸，明如镜，白如

图4.青白釉温碗

图5.青白釉菊瓣纹墩式碗

[11]　宋蒋祈：《陶记》。

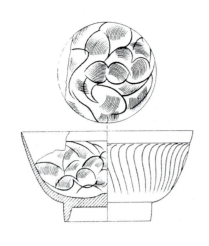

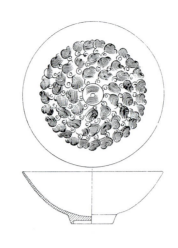

图6.青白釉仰烧墩式碗　　　　　　　　图7.青白釉仰烧侈口碗　　　　　　　图8.青白釉仰烧斗笠碗

图9.青白釉葵口高足碗

图11.青白釉盏托

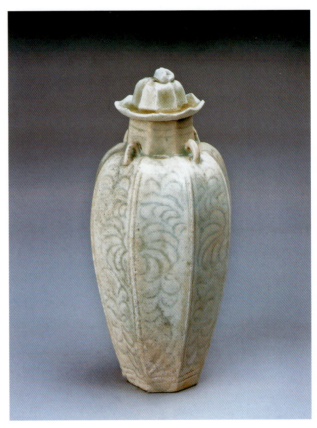

图10.青白釉瓜棱罐

玉，声如磬"的"饶玉"标准。这主要表现在如下几个方面：

　　首先，这一时期特别是到北宋晚期青白瓷的器物品类空前增多，造型丰富多姿，制作规整，精工雕作，挺拔秀丽。除一般的碗（图6—9）、盘、碟、温碗、执壶、注碗、瓶、罐（图10）、盒外，尚有炉、盏托（图11）、台盏（图12—13）、灯盏、净水瓶、圈足瓶、渣斗、洗、多管器、折肩钵、枕、香熏、鸟食罐、砚滴、抄手砚、象棋、围棋、棋盒以及大量陈设瓷和各种人物、动植物瓷雕瓷塑等。注碗、执壶（图14）、台盏、盘盏和梅瓶是这一时期广为流行的成套酒器。北宋晚期芒口器多有出现，主要为碗、盘、碟等。

其次，由于这一时期普遍采用的多是各瓷土矿上层的优质瓷石，故而器物胎质一般都较洁白精细，胎体致密细腻，瓷化程度较高，特别是一些小型杯、盏或有的盘、碟口沿部位胎薄如蛋壳，几可透光。又由于窑工们已经娴熟地掌握了强还原焰的烧成技术，采用的釉料为重石灰釉，氧化钙的含量多达14%，烧造时流动性大，故而胎釉结合良好，少见脱釉及釉面冰裂现象，烧成后器物的釉色多呈典型纯正的青白色，晶莹碧透，青翠欲滴，温润如玉，真正显露出"影青"之色(图15)。

第三，青白瓷器物特别是碗、盘上风行装饰纹样，其装饰手法也多种多样，主要为刻花、划花、镂空、捏塑、褐釉点彩和篦划等，印花技艺刚开始出现，尚不流行，主要见于碗心、盘底或盒盖上模印鱼

图12.青白釉台盏（托台高）

图13.青白釉台盏（托台低）

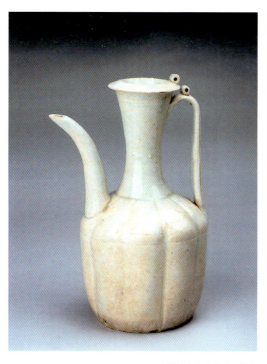

图14.青白釉喇叭口执壶

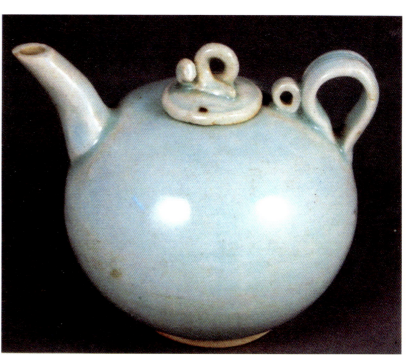

图15.青翠欲滴的小执壶

纹、朵花等。

(甲) 刻花技法采用的是所谓一边深、一边浅的"半刀泥"手法，这种手法开始于北宋中期，到晚期广为推广盛行，用这种手法刻划出的纹饰经过施釉后因线条深浅不同而形成厚薄不等的釉层，积釉厚处呈色青绿，积釉浅处呈色青白，即瓷釉因纹饰而显变幻丰富，纹饰也因不同釉色而显得更为凹凸清晰，更衬托出立体感，其装饰效果可谓达到了尽善尽美的程度，从而形成了景德镇窑青白瓷独有的刻花风格。刻划纹样种类有牡丹、卷草、云气、莲荷、菊瓣、鸾凤、鱼虫、云龙、水波、海涛、婴儿戏水、婴孩攀枝和篦纹菊等。有的内底戳印

"宋""詹""吉""黄""李明"等不同文字印章款。所谓篦纹菊，是北宋晚期新流行的一种纹饰，它是指在缠枝菊花间饰以细密的篦齿纹，以此作为地纹借以衬托出主纹，主次相间，从而形成与"半刀泥"刻划手法迥异的艺术效果。

(乙)青白瓷的装饰艺术方面，北宋中期开始出现一种所谓褐色点彩新装饰艺术，到北宋晚期继续延用，技艺更趋成熟。这是用一种含铁元素的矿物质在器物上绘饰图案，再罩上青白釉，故其形成的褐彩为釉下彩，其主体为赤褐色，褐彩周边有深浅不一的金黄色放射状纹样。褐彩图案一般多呈圆点形，也有线状平涂和特殊点绘

的技法。圆点褐彩有的大小均匀，有规律地施于盒盖和瓶、壶的口沿及肩颈部位，元宝形枕(图16)的侧面和虎形枕的背部也可常见；有的圆点褐彩则呈梅花状的布局，这多施于枕面之上，特别是在长方形枕上广为流行。平涂和特殊点绘的褐彩则多施于动物性琢器如虎形枕、狮形枕、龟背炉和一些尊类供形器上，特别对各种动物的五官和须、羽、尾、趾等重点部位用褐彩刻意点绘，更彰显出动物的神态栩栩如生，器物则更显得华美富丽。

(丙)集多种装饰工艺于一器的表现方法，此一时期广为流行。如注碗中的注壶瓜棱腹、颈和流基部均贴塑莲

图16.元宝形褐釉点彩枕

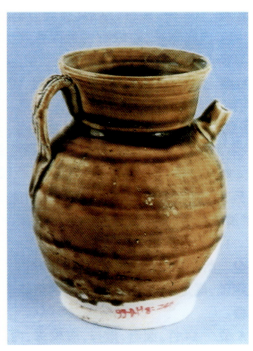

图17.黄黑釉执壶

瓣纹，盖钮则捏塑成狮钮，温碗呈八瓣莲荷状，外腹瓣间又刻划花蕊纹，圈足墙外壁贴莲瓣纹，即整器集刻、划、堆贴和捏塑于一身，突显其装饰绮丽，制作精工，古朴大气。

第四，装烧方式主要实行一匣一器的渣饼垫烧法，单件装烧，如碗、盘等圈足器以圆形垫饼垫烧，由于垫饼含铁量较高，加以器物胎色洁白，釉色清亮，因而碗、盘的外圈足底内常留下明显的酱褐色垫烧痕，有的器物底部还残留有垫饼渣痕，这是景德镇窑北宋中、晚期青白瓷特征之一。也由于垫饼放置于圈足内，故要求器物的圈足变高，底部变厚，这也是北宋晚期景德镇青白瓷的特征之一。

北宋中、晚期开始出现的芒口器，则是使用垫钵覆烧法，只是数量不多，而且延续至南宋初。这种垫钵覆烧法，即用多级垫钵装烧，垫钵口大底小，多数用耐火泥作胎，也有部分用高成本的瓷土作胎，内壁等距离置有数级凹槽，根据凹槽直径大小，可以同时覆烧大小不一的多件芒口碗、盘、碟。为使芒口口沿与垫钵不致相粘，往往在各级凹槽上撒上一层薄薄的耐火粉末。然后把装好坯件的垫钵置入桶状平底匣中堆叠装烧，显然采用这种垫钵覆烧法不仅大大提高了窑炉的装烧量，而且因为有了内层垫钵和外层桶状匣的双重匣具保护，烧出的青白瓷釉色一般都更为滋润剔透，而且内外壁都有装饰。所以说，

"垫钵覆烧"的应用，是湖田窑青白瓷烧造发展繁盛的重要表现之一[12]。当然，细加比较，也不难发现采用这种垫钵覆烧法烧制的器物，和同时广为盛行的一匣一器的渣饼垫烧法的器物不同，口沿(芒口)部位普遍厚重，腹中下部变薄，足相对变矮。

北宋中、晚期，湖田窑除大量主要烧制青白瓷器外，还少量烧制一些黄黑釉器，器类有碗、钵、盏、执壶、净瓶、八棱瓶、葫芦瓶等。黄黑釉层一般偏薄，故常隐隐露出胎色，看上去多为黄里透紫，类似于偏黄的酱色瓷(图17)，但在一些器物的折肩、折腹或口沿折角部位，因釉层较厚，釉色呈黑黄。

（三）湖田窑青白瓷的发展嬗变期：南宋早、中、晚期

(1127—1279)

即从南宋开始的高宗建炎元年（1127）至南宋王朝最后终结，前后历时达一个半世纪的漫长岁月。偏安江左的南宋政权，比之战乱频仍的北宋时期，社会相对稳定，特别是随着政治、经济重心的南移，北方人口的大量南迁，客观上给江南经济的发展带来前所未有的机宜，以景德镇的瓷业来说，北方各大名窑的能工巧匠相继南下，大大促进了南北瓷窑烧制技艺的交流，也推动了全国的陶瓷生产

重心向江南转移。在这种大的时代背景下，南宋早、中期，湖田窑的窑业也和景德镇其他窑场一样，延续北宋中晚期的繁荣辉煌，继续以烧造青白瓷为主，烧造水平和北宋晚期基本一致。只是到了南宋中期，景德镇瓷业一时面临着严重的原料危机，即景德镇周围如三宝蓬等地的上层瓷石矿已被采掘殆尽，而中、下层瓷石矿区由于地下水位高，采掘不便，成本又高，且质量低劣，致使南河一带的诸多窑场纷纷停产倒闭，有的则转移至镇内。湖田窑的瓷业生产也面临严峻挑战。面对挑战，湖田窑没有像景德镇其他窑场那样选择停业，而是积极探索和创新，终于接受了北方定窑已逐淘汰的用"支圈覆烧"代替垫饼支烧来提高产品的烧成率的办法，从而渡过了窑业发展的严重危机[13]，重新迎来了瓷业生产的明媚春天。只是，由于社会的发展，人群需求的变化，南宋时期湖田窑生产的青白瓷表现出与北宋晚期有某些嬗变的风格，即具有自身的一些特点：

首先，南宋早、中期不仅继续大量烧造仰烧器物，而且覆烧芒口器也大量流行，到南宋晚期则以覆烧芒口器为主。从青白瓷的器类来看，似乎不如以前丰富，但实际情况是，产品不仅器类增多，而且造型丰富，又富于变化，有碗(图18)、盘、碟(图19)、执壶、盏、瓶、罐、盒子(图20)、枕、炉(图21)、盖、渣斗、围棋罐、

[12] 江西省文物考古研究所等：《景德镇湖田窑址》(上)，文物出版社，2007年版，第466页。
[13] 江西省文物考古研究所等：《景德镇湖田窑址》(上)，文物出版社，2007年版，第467页。

图18.青白釉刻花婴戏纹碗

图19.青白釉印花双鱼纹碟（四川遂宁金鱼村出品）

象棋、鸟食罐、花盆、砚滴(图22)及各式人物、动物雕塑等。从这些器类来看，大到40余厘米高的梅瓶和口径达40厘米的大盆，小到几厘米的鸟食罐、水盂、砚滴和粉盒等；从日常生活用品到庭院、书房和庙堂的陈设用具、瓷塑玩具、围棋、象棋以及整套的文房用具等等，可谓包罗万象，应有尽有。还出现了一批仿商周青铜器的瓷品，如鼎式炉(图23)、鬲式炉、尊式瓶、牺尊等。器类上的这种嬗变缘由，无疑和整个南宋时代的人文环境、文化发达以及读书、藏书、尊古、仿古之风盛行有关。

其次，到南宋中晚期，景德镇的窑业分工更为细致，专业化程度更高，据蒋祈《陶记》的描述，当时"陶工、匣工、土工之有其局；利坯、车坯、釉坯之有其法；印花、画花、雕花只有其技。"而且"秩然规则，各不相紊。"可见分工何等之细，组织又是何等之严密。当时的湖田窑，有的作坊是专门烧造粉盒的，有的作坊则是专门烧制文房用具的，……即各有自己的名牌产品。仅据现有的考古资料统计，湖田窑出土的带有阳文直交合子作坊主标记的就有"陈家合子记""徐家合子

记""吴家合子记""段家合子记"和"张家合子记"等13家之多，这不仅表明分工之细、专业化之高，更说明当时市场竞争之激烈，这无疑对推动瓷业的发展有着积极的作用。

第三，胎质总的洁白细腻，坚硬致密，雕刻精细，变形率低，胎釉结合良好，少见脱釉及釉面冰裂现象，釉色多较滋润，多呈淡青色或月白色，玻璃质感较强。大宗产品如斗笠碗、敞口弧壁碗和平底盘等器物胎质已不如以前细腻，但是，随着新的装烧工艺的推行，特别到南宋晚期时，有的青白瓷的光泽度和透明度有所减

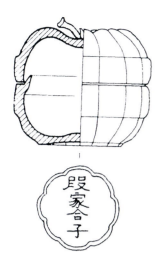

图20.青白釉平底盒

图21.青白釉圈足炉

图22.青白釉袋形砚滴

图23.青白釉鼎式炉

图25.凤穿莲荷纹芒口圈足盘

图24.青白釉卷草纹芒口碗

弱而泛黄发灰，胎薄，质较疏松。

　　第四，为适应覆烧器物日趋增多的要求，器物的成型方法多变为以模印为主，使得器物的造型变得规范有余，灵巧不足，不如北宋时期那样俏丽挺拔。装饰上仍然是刻花、划花、印花、戳印、剔花、浅浮雕、镂雕、捏塑、堆贴等多种手法并存，但北宋中、晚期开始出现的那种印花装饰工艺此时已广为盛行。刻划纹饰仍采用

"半刀泥"手法，技艺更趋成熟，布局繁密，粗犷流畅；模印纹饰繁缛规整，严谨清晰，追求对称、均衡的艺术效果，多饰于芒口碗盘内底及内壁上。纹饰种类繁复多样，富有浓厚的人文生活情趣，诸如水波、卷草（图24）、飞凤、团鸾、芦雁、螭龙、双龙、玄武、婴戏、云气、菊花、牡丹、三束莲、荷叶、折枝梅、朵梅、莲池游鱼、凤穿牡丹、凤穿莲荷（图25）、盆景山

石、双鱼、如意、回纹和钱纹等。

　　第五，此时桶状匣、漏斗形匣仍在使用，主要用于仰烧器物或大件器的装烧，但数量已大为减少。多级垫钵覆烧法也仅在南宋早期使用一段时间，到南宋中期以后风行的是模仿定窑的组合式支圈覆烧法。这类窑具具备了支垫与匣钵的双重作用，并能装烧规格一致的产品，从而增大了窑内制品的装烧密度，大大节省了瓷土

资源，产量又大为提高。但采用这种覆烧窑具也有缺点：一是器物口沿无釉，即芒口涩胎不堪用，也不美观；二是一件窑具中密封装烧若干坯体，密度极大，水分不易蒸发，影响升温烧成，并易造成釉面偏黄等缺陷。

第六，南宋时期的湖田窑，除主要生产青白瓷外，特别到南宋晚期，还烧造少量类似建窑的兔毫纹黑釉瓷（图26），特别是类吉州窑的黑釉碗（图27）、碗、杯更多，胎为黄褐或灰褐，少数为灰白色，黑釉层厚薄一致，基本无垂釉现象，有的施釉及底，有的只施大半截釉。瓷化程度不高，制作工艺较显粗糙。装饰手法丰富多采，兼有兔毫纹、鹧鸪斑、玳瑁斑、油滴、剪纸贴花和木叶纹等。

（四）湖田窑的创新变革发展期：元代

(1279—1368)

元世祖忽必烈于至元十三年(1276)占领南宋都城临安(今浙江杭州)后不久，就将目光投注到了景德镇，于至元十五年(1278)在景德镇设立浮梁瓷局，掌管制瓷事宜。作为有宋以来景德镇最著名的窑场湖田窑，元代仍是重要的窑场。据考古调查发掘显示，元代湖田窑的窑业堆积大多分布在南河两岸的台地上，也是湖田窑原料、产品的最重要的进出口集散地。南山山坡上的元代堆积主要分布在刘家坞至南、北望石坞一带。新中国成立以来的历次考古发掘也证实湖田窑元代的遗迹最为丰富，保存最为完好，如1995年在湖田窑的中心区域内就发掘揭示出目前面积最大、最完整的元代作坊遗址群，这都说明了元代是湖田窑制瓷史上非常重要的时期[14]，也是一个创新变革的大发展时期。最大

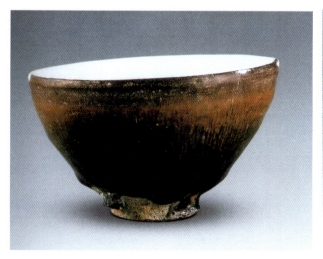

图26.类建窑黑釉兔毫盏

图27.类吉州窑黑釉碗

---

[14] 江西省文物考古研究所等：《景德镇湖田窑址》(上)，文物出版社，2007年版，第467页。

图28.青白釉芒口深腹碗

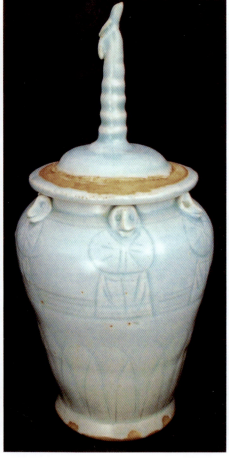

图29.青白釉双凤纹带座瓶　　　　　　图30.青白釉堆塑纹盖罐　　　　　　图31.青白釉褐彩连座瓶

的革新，就是从元代中期起，湖田窑的窑工们凭着他们的智慧和才识，在浮果瑶里的麻仓山一带找到了一种新的制瓷原料高岭土，并率先将这种高领土与本地周围的中、下层矿区的瓷石调配使用，即创新发明了瓷石加高

岭土的"二元配方"制胎法，这不仅扩大了制瓷原料的来源，解决了南宋以来制瓷原料危机的难题，而且克服了单纯采用中、下层瓷石制坯则胎体质软，焙烧过程中器物容易变形，若单纯采用瓷土制坯则胎质又太硬，器

物容易碎裂的弊病，将两种原料合二为一按比例配方，即各尽其长而避其短，则大大提高了瓷器的烧成温度，使过去低火度的软质瓷（烧成温度仅1150℃±20℃）逐渐变为高火度的硬质瓷，也大大减少了器物在焙烧过程

中的变形，提高了成品率，同时使大型器物的烧造更为方便可行。

这是中国陶瓷史上的一次重大革新，也是世界陶瓷发展史上的一个重要里程碑。元代湖田窑的瓷器烧造除沿续南宋时的青白瓷、白瓷和黑釉瓷外，匠师们还进行了大胆的变革和创新，相继发明了卵白釉瓷、青花、釉里红和青花釉里红瓷等，这些在中国陶瓷史上均是具有划时代意义的新品种。

首先，元代的青白瓷在承继宋代的基础上，无论在胎质、釉色、造型和装饰方面都较前期有所变化，也有其自身的时代风格。青白瓷的器类，除常见的盘、碗（图28）、瓶、罐、壶、炉、枕及扁形执壶和葫芦形执壶等日用瓷外，还出现了一批新品种，如折腰碗、高足杯、多穆壶、僧帽壶、匜、笔山、洗、带镂空座的瓶（图29）、炉、动物形砚滴、莲蓬形砚滴、方形印章和精美的观音、仙佛瓷塑等。此时的青白瓷以覆烧芒口器为多，仰烧器较少，其胎质一般较粗较厚重，釉层变得乳浊，加厚，色深，多数泛黄泛灰，品质低下，较好的产品色泽青绿，但远没有宋代那种"光致茂美"的特点。装饰技法有刻花、划花、印花、堆塑（图30）、镂雕、点彩和缀珠等。刻划花仍用传统的"半刀泥"手法，简洁、草率和疏朗，刻痕较深，纹饰有双鱼、蕉叶纹、莲瓣纹、缠枝花卉、云龙纹等，印花则与草率的刻划花风格相反，显得更繁缛严谨，且多向器心集中，但多数不甚清晰，常见的纹饰主要有双鱼、双凤、双团鸾、云龙、芦雁、菊花、菊瓣纹、荷叶、牡丹、折枝花、梅花、织锦、回纹和蕉叶等。堆贴附饰此时普遍增多，常见的有"S"形或戟形耳、连座、兽环铺首和颈肩之间贴饰小圆系等。褐色点彩装饰多见于小件器物，如小罐、连座瓶（图31）、连座炉、水注、水盂和瓷塑上。缀珠纹是用小圆珠串联成纹饰，或装饰器物边缘，或组成图案的轮廓线，如器物的开光图案、云肩纹、观音的璎珞、戏台式瓷枕的栏杆等，为元代所独创的纹饰[15]。

其次，元代湖田窑还烧造大量黑釉瓷，在刘家坞和南河两岸都有较多的黑釉瓷堆积。其刘家坞的堆积厚度竟达4米以上。器类多有高足杯（图32）、弧腹碗、饼足碗、盏、饼足

图32.黑釉高足杯

[15] 赖金明 张文江：《景德镇窑青白釉瓷器的鉴定》，载朱裕平主编《景德镇瓷器鉴定》，上海大学出版社，2006年版。

杯、罐、灯和水浇等日用器。胎质一般较粗松，胎色或灰或白或黑，各种颜色都有。釉面大多光素无纹，木涩无光，只有少数的碗、盏类饰有兔毫文、鹧鸪纹和灰白色的油滴形成的梅花点装饰，釉层普遍较薄，釉面或深褐或灰褐。由于多是采用涩圈叠烧法烧制，故碗内的内底心常见一圈露胎痕，颇显粗糙。

第三，新的瓷种卵白釉瓷（又称"枢府瓷"）大量出现，釉色偏白，沉厚乳浊，早期釉色白里透青，恰似鹅蛋之色，故得名之曰"卵白"釉。晚期卵白釉则趋于纯白，釉质粘连度普遍较强，不再是透明釉，故而釉层肥厚温润，致使釉下印花模糊不清。器物种类丰富多姿，主要有高足杯、折腰碗（图33）、小足浅盘、注子、弧腹碗、宽足盘、玉壶春瓶、双耳瓶（图34）、连座瓶及一些建筑材料等，以高足杯占多数。器物装饰手法主要的模印法，尚有少量刻花、贴花等，纹饰种类除常见的莲荷、牡丹和菊花等的团花或缠枝花纹外，还有八吉祥、八大码、云龙、云雁和祥云飞凤等图案，云龙纹的龙爪分三爪或四爪或五爪以三爪为多，五爪龙多为枢窑院定烧的宫廷用瓷上所见。更有意义的是，这种卵白釉瓷深为崇尚白色的蒙古贵族所喜好，故有的就成为元代重要官署定烧的瓷器品种，如有的碗、盘或高足杯的内壁除印上纹饰外，有的还模印"枢府"、"太禧"或

图33.卵白釉折腰碗

图35.青花折沿大盘

图34.卵白釉堆贴梅纹双耳瓶

图36.青花瓜棱形长颈瓶

"玉"字款识，但同样由于釉层肥厚乳浊，文字需要细加审视才能识别发现。

第四，青花、釉里红和青花釉里红等更是元代湖田窑的新发明品种，而且代表了元代景德镇瓷业的最高水平，是中国陶瓷史上具有划时代意义的重大突破。湖田窑的元青花主要出土于南河的南、北两岸，据早年调查资料[16]，南河北岸的元青花瓷以高足杯、折腰碗、酒杯等小件器为主，纹饰简洁，疏朗，但较草率，与东南亚如菲律宾等地的出土物大致相近。南河南岸则经过发掘[17]，主要属元明时期的堆积区，曾清理出目前国内发现的保存最完好的烧造元青花的龙窑。出土的元青花有白地蓝花和蓝地白花两种，总的特征是胎骨坚硬，胎色较白，质地较细腻，偶见气泡。器类有碗、盘、高足杯、盒等，以大盘(图35)和大罐、大瓶为主。釉层普遍较厚，釉色透明，多数白中泛黄灰，少数白中泛青。青花绘料为高铁低锰的进口青料(又称"苏麻离青")。一般大件器青花发色蓝中闪绿，往往积釉处多见黑褐色斑块；小件器物则胎体较薄，青花发色蓝中闪灰甚或闪黑。青花器物的绘画构图也依器物的大小而有别，一般大件器构图严谨，布局繁密，层次清晰，主次分明，主题装饰纹样有莲池水禽纹、缠枝莲花、缠枝菊花、缠枝牡丹、松竹梅、山石、香瓜、草虫、灵芝、山茶花、葡萄、蕉叶、杂宝和麒麟、天马、鱼藻、鸳鸯、水禽等动植物以及诗文和人物故事诸图案；小件器物往往在器内底、器口或流上绘以简单的回纹、钱纹、如意卷草纹、云气纹或草书"寿"字等。一些碗、盘、瓶(图36)等的外壁

[16] 刘新圆 白琨：《景德镇湖田窑考察纪要》，《文物》1980年第11期。
[17] 徐长青 余江安：《湖田窑考古新收获》，《故宫博物院院刊》，2004年第2期。

饰隔开的双线仰莲纹，莲瓣内均饰云朵纹。

第五，从装烧工艺看，元代青白瓷的装烧有组合式支圈覆烧法，但使用时间不长；一些饼足碗、盘特别是大件器物，则仍用漏斗形和桶状形匣钵装烧，之间用垫饼为间隔；有的采用内底心刮釉的方式，使其内底形成涩圈，从而多件叠烧；还有更多的是采用带沙渣的大于圈足的垫饼仰烧而成，圈足外沿的釉层多粘有少许沙粒，因圈足内不安放垫饼，故圈足底心大多有凸起的鸡心。由于胎中加入了高岭土，而高岭土中的含铁量较多，至少达1%以上，故经焙烧后器底常出现火石红。黑釉器物与青白瓷的装烧方式大致相同。卵白釉瓷则较

特别，采用的是以瓷质垫饼作为间隔物，为防止器物坯胎与垫饼粘结，往往在垫饼上撒上一层谷壳。青花器物也多是采用匣钵仰烧法，但更多的特别是一些大件器焙烧时都直接置在沙垫上，器物底足无釉露胎，但粘沙现象很少。

（五）湖田窑的衰落期：明代早中期

（1368—1566）

元末明初的战乱虽给景德镇的瓷业带来短暂影响，但据多年调查和发掘证实，明早期的湖田窑仍继续瓷器的烧造，及至成化、弘治乃至正德、

嘉靖年间，但其规模和质量已远非昔日的辉煌，到隆庆、万历朝则已完全衰落。

湖田窑的明代堆积主要集中在南河沿岸和胡田村内。21世纪初年南岸的发掘资料[18]表明，明早期湖田窑烧制的瓷器有青白釉器和青花器，以青花器为大宗。青花器多见碗、盘、高足杯、碟、灯盏等日常生活用具，碗就有折腹碗、墩式碗（图37）、弧腹碗和海碗(口径大于7厘米)诸种，以折腹碗最具特色。从这些青花瓷的造型特征看，诸如撇口、折腹、足墙平直、内外斜削一刀(俗称"鲫鱼背")、底心有乳突等观察颇具元青花瓷遗风。胎质普遍细腻，青花发色青翠，釉色清亮，少数胎粗釉偏黄色。在装饰上，

图37.明初青花云气纹墩式碗

[18] 徐长青 余江安：《湖田窑考古新收获》，《故宫博物院院刊》，2004年第2期。

图39.明青花罐

图38.明青花墩式碗

图40.明青花王羲之爱鹅墩式碗

流行在碗盘内心绘简笔折枝莲，莲枝卷曲流畅，随笔而画，一蹴而就，有的在内底心草书或隶书"福"字、"寿"字等青花字款；外腹壁则多绘缠枝莲、双线仰莲及海涛、祥云仙山、仙人乘舟、湖石牡丹、水草、折枝果、月影梅、"岁寒三友"、云气等图案，口沿内侧则绘"十字锦"或"交错绫纹"边饰。

明初青白釉器较少，总体特征是器型普遍敦实厚重，造型简单，器胎粗松。器类有碗、盘、高足杯等。碗也有折腹和弧腹两钟，折腹碗的造型也基本延续元卵白釉的造型，唯足径渐大，底心乳突渐失，釉色暗灰失透。元末明初人曹昭曾云："元朝烧小足印花者，内有枢府字者高。新烧者足大，素者渐润。"所以，我们说湖田窑烧造的这种大足、釉色渐润的

青白釉碗当应是明初时物无疑。

明代中期的葫芦形窑炉、马蹄形窑炉以及明代作坊遗迹的发现，表明明代中期湖田窑仍在继续烧造瓷器。当时普遍使用的是仰烧法，足底多使用沙垫，因而足沿多保留有粘沙的现象，止呕少数情况下或用瓷质垫饼来垫烧。

明中期湖田窑烧造的器物主要为青花瓷，还少量烧造青白瓷、仿龙泉釉青瓷、蓝釉和白釉器等。青花瓷器种类最多，有碗(图38)、盘、罐(图39)、高足杯、方碟、杯、灯盏、器盖、器座、权、砚、炉和青花料照子等。器物的总体特征造型规整，器形简单，胎体较粗，白度不高，青花发色淡雅，多使用浙料和乐平的"陂塘青"等国产青料，少量泛灰泛黄。有蓝地白花和白地蓝花，但以白地蓝花为多见。器

物内壁多不加装饰，然而外壁装饰较丰富，绘画布局疏朗，用笔肥润，圆柔，过去常见的一蹴而就的粗犷绘法开始演变为用勾勒轮廓并渲染细部的分水画形式，使画面呈现出浓淡明暗渐变的艺术效果。常见的题材有缠枝莲、折枝莲、变体仰莲、凤穿莲、莲池水禽、缠枝牡丹、水草、折枝果、石蓝灵芝、海涛云气、月影梅、海马、海螺、蝴蝶、双鱼杂宝、岁寒三友、仙人乘槎、十字宝杵、龟背锦、回纹等以及草书"福""寿""灯"等，更多的是出现隶书"福"字。

正德至嘉靖年间的青花瓷器，总的特征是胎体、足壁由厚趋薄，没有早期那种敦实厚重之感，青花发色灰青沉滞，仅少量靛青雅丽或青翠欲滴，质量有江河日下之势。但此时装饰题材丰富，构图繁缛新颖，风格自

由奔放，分水画法的层次清晰，由浓、淡两色阶发展到两个色阶以上，并出现一种以分水成形、再划筋脉的"没骨画法"和所谓"山石皴染分水法"，即具有中国写意绘画式的纹样开始增多。常见题材有缠枝莲捧八宝、折枝牡丹、月影梅、螺旋花卉、水草、树石栏杆、花鸟、排点、乳虎、杂宝、王羲之爱鹅（图40）、盆景竹山、蝴蝶花果、垂钓图、暮归图、江岸望山图、寿山福海以及草书或行书或隶书"福""玉""寿"字等纹样和吉祥文字款。另有"大明年造"青花年款等。

第四章

宋元时期湖田窑贡瓷和官窑地位的

确立及相关问题

（一）宋元湖田窑贡瓷和官窑地位的确立

宋代皇宫用瓷制度，自北宋政和年间京师"自置窑烧造"之后，北宋和南宋都在京师汴京和临安设立了官窑，即所谓"官窑烧造"。在此之前即朝廷尚未在京师正式设立"官窑烧造"之前，皇宫用瓷是由全国一些著名窑场承旨进贡，即所谓"下属供奉""制样须索""任土作贡""设官监窑""赐命乃贡"等。自政和年间在京师设立官窑烧造之后，承旨进贡的瓷器总的数量虽大为减少，但一方面由于官窑烧制尚不能满足皇宫大量用瓷的需要，另一方面也可能由于皇帝特殊喜好，故不能排除仍有部分的贡瓷。据文献载及，宋时的汝、定、哥、钧、耀州窑、建窑等都先后为皇宫烧制过贡瓷。那么作为宋代六大窑系之一的景德镇窑，作为景德镇群窑之冠的湖田窑，是否也曾烧造过贡瓷呢？

从文献记载来看，清乾隆四十八年《浮梁县志·述旧》采摘吴极《昌南历记》谓："宋真宗遣官制瓷，贡于京师，应宫府之需，命陶工书建年景德于器底，天下于是知有景德器矣。"清乾、嘉之际的蓝浦《景德镇陶录》的"历代窑考"中亦谓："景德窑：宋景德年间烧造，土白壤而埴，质薄腻，色滋润。真宗命进御瓷器，底书'景德年制'四字，其器尤光致茂美，当时则效著行海内。于是天下咸称景德镇瓷器，而昌南之名遂微。"两条史料内容可谓完全相同，说明景德镇的青白瓷早在北宋真宗时就特别受到皇宫的喜爱，故命进御瓷器。然而，多年来陶瓷史学者对这两条史料总是半信半疑，信者是真宗时以景德名镇也；疑者是真宗时景德镇的青白瓷质尚未达到贡瓷水平也。这一存疑是完全可以理解的，因为，至今为止，尚未发现有北宋早期或者说真宗时期烧造贡瓷的更直接证据。故此，近年来，有的学者在全面认真梳理古代文献的基础上，并结合湖田窑址最新的考古物证，认定"到北宋中后期，随着景德镇制瓷业的大发展，制瓷质量的提高，景德镇窑生产的瓷器才开始受到上层社会乃至皇帝的喜爱，最终成为贡瓷"。[1]景德镇窑北宋贡瓷的最后确立，是景德镇陶瓷史研究上的一个重大突破。

目前发现最早记载有关景德镇窑烧造贡瓷的，就是大家都熟悉且相互引证的现存于景德镇市图书馆的婺源《嵩峡齐氏宗谱》，据谱中称："护公（齐宗蠖）字成英，生宋真宗咸平元年(998)戊戌八月朔旦辰时。世居德兴体泉。仁宗景祐三年（1036）丙子，以春秋明经请浙江举入仕。初任景德镇窑丞，九载无失。庆历五年（1045）乙酉八月十五，因部御器经婺源下搓土名金村段，行从误毁御器。护叹曰：'余奉命，愿死，从者何辜。'即

吞器死。"根据上述文献，齐宗蠖38岁时科举及第后，即出任景德镇窑丞，前后达9年，专门负责运送朝廷所需瓷器进京，从齐护公开始出任景德镇窑丞一职到最后押运御瓷进京而死，这的确是北宋中期早段即仁宗时期的事，但窑丞一职仅见于此文献，具体于何时开始设置已不可考。从窑丞的名称来看，"丞"意为辅佐，或为佐官名，可能还设置有监督管理景德镇窑业的正职官吏，如北宋初期赵仁济承旨监越州瓷窑务一样[2]，当然，也有可能由于饶州瓷尚不及越州窑重要，仅设有窑丞的辅佐官员，但不管怎样，"窑丞"一职，既负责窑业生产管理又负责运送贡瓷这一点是确凿无疑的，齐宗蠖从仁宗景祐三年(1036)就开始任景德镇窑丞一职，距真宗最后的乾兴元年(1022)仅10余年，那么景德镇的"窑丞"一职是否一定就正好是从景祐三年才开始设置？此其一；其二，齐宗蠖是否就一定是朝廷设置景德镇窑丞的第一任担当？这都有待进一步研究，因此，笔者认为，景德镇窑丞一职的设置不排除有可能要早于仁宗时期，也就是说，景德镇窑烧造贡瓷的时间不排除始于北宋前期即真宗时期的可能，从前一章所述北宋早期湖田窑已经在五代基础上进一步创烧出部分似玉的青白瓷来看，表

明宋早期景德镇所出瓷器以青白类玉釉色取胜，而受到朝野的喜爱，因而能和当时的名窑越窑、定窑等产品一道被选为宫廷和官府用瓷。

除"窑丞"的设置可以证明景德镇宋时已确凿烧造贡瓷之外，宋时还有由地方官府承命监造贡瓷的制度。如据《河南强氏族谱》卷首"世条·子魁"条："（强）子魁，伯达之子……宋绍定戊子（1228）以文学进，任饶州通判，以监陶得至浮梁县景德镇。"通判一职，系宋代设置，是州府长官的行政助理，握有裁可、连署州府公事和监察官吏的实权，号称"监州"。强子魁官任饶州通判(州治在今鄱阳)，却还兼任佐理景德镇的监陶事宜，故得以常到浮梁县景德镇去。由景德镇所在州府或县的属官监陶，此"监陶"者显非专职，和"窑丞"专职有别，后者常驻景德镇，既管陶瓷(含贡瓷)生产，还要负责贡瓷的运输；而前者不常驻景德镇，而分别驻府衙或县衙，即朝廷有贡瓷任务时即前往景德镇佐理监陶，即所谓"有命则供，否则止"[3]。但"监陶"官的设立也足以证明景德镇窑曾承接过烧造贡瓷的任务。

诚然，上面所述都仅是从文献记载上证实宋代景德镇窑曾生产过御用瓷器，却一直未能找到实物证据。皇

[1] 肖发标：《北宋景德镇窑的贡瓷问题》，中国古陶瓷学会编：《中国古陶瓷研究》第七辑，紫禁城出版社，2001年。
[2] 周密：《粤雅堂杂钞》卷上"诸玩"条载，赵元济于"太平兴国七年岁次壬午年六月望日，殿前承旨监越州瓷窑务"，见粤雅堂丛书本。
[3] 清·蓝浦《景德镇陶录》卷五"历代窑考"。

天不负有心人，经过考古学者锲而不舍的努力，物证终于找到了。

1997年底，考古工作者在湖田窑豪猪岭发掘时，在宋代地层中出土一块壶或瓶的圈足底[4]，足径6厘米，足墙高0.6厘米，挖足深0.4厘米。足端内外斜削，足端见深褐色垫圈痕，器底心釉下见比较明显的旋涡状拉坯痕。内外壁施釉，釉色蟹青，釉厚处显青褐色，带冰裂纹。器外底露胎，胎色灰白，胎质细腻。外底心竖向三纵行刻写："迪功郎浮梁县丞臣张昂措置监造"14个宋体字（图1—2）。刻铭中的"张昂"文献不见记载，张昂为何时代人尚有不同意见，有学者考证

应为北宋中后期的官员[5]，有学者则认定张昂监陶当在南宋初期[6]。据《宋史·职官志》记载，迪功郎于政和六年（1116）由将士郎改名而来，其官阶为文官散阶三十七阶的最后一级，秩从九品，但到南宋绍兴年间已将其三十七阶增至四十阶，迪功郎仍为三十七阶，但已非最后一级。县丞，为县副长官，北宋天圣四年（1046）置，位县令之下，主簿、县尉之上。南宋绍兴三年罢，绍兴十八年复置，嘉定后小县不置，以主簿兼，秩自正八品至从八品。所以，张昂以秩从九品的迪功郎官阶任从八品或正八品的县丞官职只有在绍兴年间以后才可

能，但又考虑"县丞"的设置，绍兴三年即罢，绍兴十八年才复置，所以，张昂任县丞并"措置监造"的年代更有可能是绍兴十八年（1148）以后的南宋时期。有学者认为，宋代皇宫用瓷制度，在政和以后，北宋和南宋都先后在京师汴京和临安设置有官窑，地方贡瓷的任务大大降低，因而任命地方官监陶的情况亦少，故张昂监陶不可能在南宋而应在北宋中后期。实际情况是，直到南宋晚期，景德镇的监陶官设置仍在延续，前引《河南强氏族谱》载及的强子魁就是一例。所以，不论张昂是北宋人还是南宋人，他在宋代以浮梁县丞的身份

图1.青瓷圈足底（带刻铭）

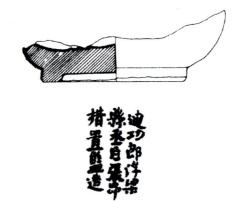

图2.青瓷圈足底刻铭之摹本

[4] 江西省文物考古研究所等：《景德镇湖田窑址》(上)，文物出版社，2007年版，第436页，图三七四，13；图三七八，8。

[5] 肖发标：《北宋景德镇窑的贡瓷问题》，中国古陶瓷学会编：《中国古陶瓷研究》第七辑，紫禁城出版社，2001年。

[6] 李放：《张昂监陶小考》，《文物》2001年第11期。

图3.青白釉龙纹器座纹饰

监陶则是无可争辩的事实。

铭刻中张昂还自称"臣"，显然是对皇上而言。此件带铭刻的瓷器，虽是青釉器，但伴出的有大量优质青白瓷，说明它们都是作为贡瓷被监造烧制的。在湖田窑刘家坞窑包山脚下和乌鱼岭南坡出土的青白瓷炉和器座上都贴塑有龙纹（图3），发掘者认为这就证明它们是北宋官窑瓷器的推断是正确的[7]。

张昂青釉贡瓷瓷器的发现，第一次用实物证明了从北宋开始景德镇就曾为皇家烧造过贡瓷，从而不仅印证了《宋会要辑稿》〈食货五二〉瓷器库条的记载，即"瓷器库在建隆坊，掌受明、越、饶州、定州、青州白瓷器及漆器以给用"。而且也证实了婺源县《嵩峡齐氏宗谱》关于"景德镇窑丞"齐宗蠖于庆历五年解运景德镇烧造的"御器"赴京师记载的可靠性。

到了元朝，政府对景德镇的管理则"改监镇为提领"。而对瓷业的管理则于至元十五年(1278)即元帝国建国的前一年就开始设立浮梁瓷局，"掌烧造磁器，并漆造马尾棕、藤笠帽等事"[8]，秩正九品，设大使、副使各一员。浮梁瓷局隶属正三品的诸路金玉人匠总管府。该总管府负责掌造宫廷用的宝石、珠玉、金银等饰物和冠帽、束带、瓷器等用器。下设玉局提举司、金银器盒提举司、玛瑙提举司、温犀玳瑁局等机构，浮梁瓷局是其辖下的唯一一处制瓷管理机构。

元末孔齐在《至正直记》中说："饶州御土，其色白如粉垩，每岁差官监造器皿以贡，谓之御土窑，烧罢即封，土不敢私也。"[9]这又清楚告诉我们，元代自设置浮梁瓷局开始到灭亡之岁，每岁都有御用瓷器任务的烧造，而烧造御用瓷器必须选用最好的瓷土，一旦被选上的优质瓷土矿点即被称为"御土"或"御土窑"，"烧罢即封，土不敢私也"，也就如同"有命则供，无命则止"一样的状

[7]　江西省文物考古研究所等：《景德镇湖田窑H区附属主干道发掘简报》，《文物》2001年第2期。
[8]　《元史》卷八八《百官志》四。
[9]　元·孔齐：《至正直记》卷二，饶州御土条。

况。故此，这里所讲的"御土窑"，系指专供烧制皇宫用瓷的瓷土开采地点，并非如明清时代的御窑厂那样，有烧制瓷器整套流程的厂址和固定的匠役。明初曹昭的《格古要论》所讲"御土窑者，体薄而润最好"[10]也是指用专用的"御土"烧制的贡瓷"体薄而润最好"，不应该是指有固定烧制御瓷的窑厂。到清嘉庆蓝浦《景德镇陶录》则阐述得更清楚："枢府窑：元之进御器，民所供烧者。有命则陶，土必细白埴腻，质尚薄。式多小足印花，亦有戗金、五色花者。其大足器则莹素。又有高足、薄唇弄弦等碟、马蹄盘、委角盂等各式。器内皆作'枢府'字号。"[11]从孔齐到曹昭再到蓝浦三人，上述对元代"御土窑"的叙述是一脉相承的，都是指专供烧制皇宫瓷器的瓷土矿点，非指直接烧造御瓷的窑厂。

那么元代的浮梁瓷局是怎么完成御用瓷器的烧造任务的呢？就目前已有的考古资料来看，也应是采用官搭民烧的办法，即官府用"御土"选择景德镇地区各方面条件最好的民窑窑场定点监制烧造。湖田窑就是浮梁瓷局定点烧制御用瓷的最重要窑场之一。

早在上世纪70年代后期[12]，文物考古学者就在湖田窑的南山脚下的刘家坞和南河的南北两岸发现有元代的灰坑、水井和残窑等遗迹，出土有元代卵白釉枢府器，以及青花大盘(约占

图4. "至正型"元青花大盘残片

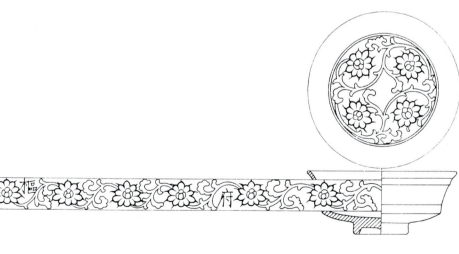

图5. "枢府"款卵白釉碗

[10]　明·曹昭：《格古要论》，"古窑器论"。

[11]　清·蓝浦：《景德镇陶录》卷五，"景德镇历代窑考"。

[12]　刘新园 白琨：《景德镇湖田窑考察纪要》，《文物》1990年第11期。

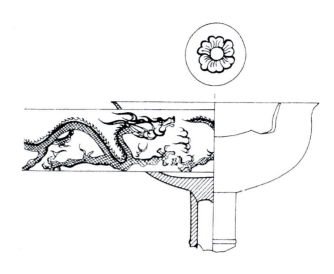

图6."玉"字款卵白釉高足杯（在龙的前爪两指之间）

青花残器的70%)和罐、瓶、折腰碗、高足杯等，龙纹有五爪的，也有三爪或四爪的。

90年代以后到21世纪初期，由于配合基本建设需要，考古工作者在湖田窑发现的元代遗迹更为丰富[13]，如在刘家坞发掘有枢府瓷的堆积，出土有模印双角五爪龙、八吉祥纹和带"枢府"字款的元早期官窑器[14]；在南河南岸发现目前国内保存最为完好的烧造元青花的龙窑，其出土的元青花残片，既有属"至正型"（图4）的，也有属"菲律宾型"[15]的，特别是陆续出土有带"枢府"（图5）"太禧""玉"（图6）和"福禄""福寿"等铭款的官窑瓷器，还出土了元代釉

里红的龙、凤纹滴水与瓦当等建筑构件。所谓带"枢府"铭款瓷，是由蒙元帝国中央从一品机构枢密院定制的官窑器；"太禧"铭款瓷，是从一品机构太禧宗禋院（元文宗天历元年即1328年设太禧院，二年改为太禧宗禋院）定制的供奉祖宗容像的祭器(即所谓"掌神御殿朔望岁时讳忌日辰褫享礼典")；带"玉"字铭款卵白釉高足杯，有学者考证是蒙元前期隶正四品掌管供奉、祭缯的机构玉宸院定烧的宫廷祭器[16]，是有充分理由的。

总之，大量考古新资料的发现，有充分理由证明湖田窑在元代是一个极其重要的大变革大发展时期，而且是浮梁瓷局定点烧造御用瓷的重要窑

场之一，在南河南岸发掘的目前国内发现的保存最完好的烧造元青花的龙窑，很有可能就是浮梁瓷局定烧御瓷的窑炉。

（二）宋代景德镇的政府管理机构

景德镇宋代制瓷业的繁荣不仅表现在窑场规模庞大、制瓷技术精湛、产品品种繁多、质量精美等方面，也表现在制瓷业内部的生产组织更严，分工更加明确上。制瓷业可以大体分为烧窑业与制坯业两个部分，这时的烧窑业与制坯业已经完全分离，成

[13]　江西省文物考古研究所等：《景德镇湖田窑址》(上、下)，文物出版社，2007年版。

[14]　肖发标等：《湖田刘家坞"枢府窑"清理报告》，《南方文物》2001年第2期。

[15]　徐长青等：《湖田窑考古新收获》，《故宫博物院院刊》2004年第2期。

[16]　肖发标：《湖田窑发现元代"玉"字款卵白瓷高足杯》，《南方文物》2001年第2期。

为同一行业中的两个行帮。陶户分为窑主和非窑主，他们之间的关系是一种有偿的经济关系。窑主把持着烧窑业，而非窑主则应为制坯业的工匠[17]。蒋祈在《陶记》中记录了制坯业作坊内部分工的情况，谓："陶工、匣工、土工之有其局；利坯、车坯、釉坯之有其法；印花、画花、雕花之有其技；秩然规制，各不相紊。"表明宋代制坯行帮中的分工更加精细并专门化。烧窑业内部的分工虽不见记载，但应该也是存在的。《景德镇陶录》中把烧窑工或称烧夫，把庄头分为"事溜火者、事紧火者、制沟火者"三种。此书虽出自清人蓝浦之手，但所述明清景德镇窑情况，多因袭于宋，因此可供参考。

宋真宗景德元年（1004），正式以景德为名置镇后，标志着景德镇已经是一个窑业发达、居民众多、商业繁荣、且有丰厚税课收入的富庶之地，并且越来越受到政府的重视。

至于景德镇置镇后，当时朝廷是否在这里设置了监镇官，目前在诸多文献中尚找不出北宋时代的记载，至今查阅到的确切载及此事的是南宋时的史料，《宋史》卷390莫蒙传谓："（绍兴末）除户部员外郎。（二十八年正月）朝廷遣蒙，措置浙西、江淮沙田芦场。言者论其丈量失实，征收及贫民，责监饶州景德镇。"但是，根据宋朝之法制，一般置镇的地方，都设官监之。南宋高承

《事物纪原》卷1载："宋朝之制……民聚不成县而有税课者，则为镇，或以官监之。"推之景德镇应也不例外。明代王宗沐的《江西大志》就明确指出：景德镇"宋景德中置镇，置监镇一员"。清朝各代的《浮梁县志》也都有类似的记载，从中也可看出一些问题，因此，我们可以说监镇官在北宋景德镇置镇之初就已有，并且一直维持到宋王朝灭亡时为止。

一般来说，监镇官的地位是很低的，他只是县的下属机构的长官，属于监镇官一类，比亲民官（州县官）要低一级。而即使是最低一级的亲民官——县尉的身份也还不是正式官人，而仅仅属于选人，即未入流的无品官，要经过一定的勤务年限并得到上官的推荐方可升为京官，即通常所称的"改官"，或者是因有捕盗之功而直接升为改官，此后才算进入正式官僚的行列。监镇官也大致多属选人之列。

北宋时驻景德镇的监镇官是否为选人虽不可考，但北宋元丰五年（1082）监景德镇瓷窑博易务的余尧臣，其文阶为宣义郎（李焘：《续资治通鉴长篇》卷329），属京官五阶中的上位第二阶。所谓京官，是指不常参见皇帝的中级文官，从下往上依次为承务郎、承奉郎、承事郎、宣义郎及宣德郎（宣教郎），地位高于选人，官品为从九品、正九品、从八品。似可作为

景德镇监镇官级别的参照。

到了南宋，则在一些人口密集、商业繁荣的大镇，以中央政府直接派遣的京朝官来充任监镇官。《宋会要辑稿》方域十二之二十记："（高宗绍兴十四年）七月十七日，知湖州秦隶言：本州管下镇官，除乌墩、梅溪镇系在文武京官以上，及许断杖罪以下公事外，其四安镇人烟繁盛，不在梅溪、乌墩之下，却只差小使臣或选人监管，杖罪并解本县。臣今相度欲依乌墩、梅溪镇例，差京朝官，许断杖一百以下罪。从之。"熙宁十年乌墩、梅溪两镇商税分别为二千一百四贯四百七十五文和一千四十一贯七百二十八文(《宋会要辑稿》食货十六之十八)，尚由京官出任监镇，而同年景德镇的商税更高达三千余贯，因此出任景德镇的监镇官当为京官以上。前引被"责监饶州景德镇"的莫蒙曾为"户部员外郎"，其文阶为朝请郎、朝散郎至朝奉郎，已属升朝官（《宋史》卷一六九职官九），即可以朝见天子的高级官僚，官品为正七品（《宋史》卷一六八职官八）。可见，随着景德镇陶瓷业的兴旺发展，景德镇已越来越被宋廷所重视，南宋时遣升朝官监临景德镇就是一例。

关于监镇的职掌，文献中有明确的记载。《宋会要辑稿》职官四八之九二"镇将"条引《哲宗正史职官志》谓："哲宗正史职官志，诸监镇

---

[17] 漆侠：《宋代经济史》，中华书局，2009年版。

官掌擎逻、盗窃及烟火之禁。兼征税权酤，则掌其出纳会计。"马端临的《文献通考》也有类似的记载[18]。一般来说，监镇官除了管理镇的治安、盗警等"烟火公事"外，往往还兼商税或酒税中的一项。如穰县的顺阳镇、内城县的淅川镇"各差监官一员兼酒税、盗窃"，另如随县唐城镇"差唐城镇监官一员兼管商税"。监镇官兼酒税似较兼商税为多，在《宋会要辑稿》方域十二市镇杂录条（十八～二十一）中，多见监镇官兼酒税的例子，而兼商税仅见唐城镇一例。究其所以，大致是镇的酒税多为买扑，故可由监镇官兼管，而商税的征收则多由商税务的税务官负责。苏轼在《乞罢宿州修城状》一文中记载了宿州虹县零壁镇的情况，谓"元祐七年（1092）……已有守把兵士八十人，及京朝官一员，曹镇本镇烟火盗贼。别有监务官一员，又已移虹县尉一员，弓手六十人在本镇"。又如绍兴府的枫桥镇，在淳熙初（1174—1189）已有"镇、税官各一人"，并要求增加县尉一员以"弹压奸民"。这大致是一个镇较为完整的管理组织形态。可见，一个人口众多、产业兴隆、税收丰盈的大镇，仅仅委派一员监镇官，恐怕难以面面俱到，管理周全，至少应该有监镇官、税务官各一员，在一些治安状况较差的镇，还有县尉协助。驻景德镇的管理机构必定也是如此。

关于景德镇商税务的设置，没有直接的文献记录，只能通过相关的史料来考察。《宋会要辑稿》食货十六之十记录了熙宁十年（1077）饶州地区商税的情况，谓："饶州旧在城及德兴、浮梁、余干、安仁、石头镇六务，税二万五千四百七十贯。熙宁十年：在城，一万四千五百三贯二百七十文；浮梁县，五千四百七十五贯七百七十九文；乐平县，一万二百四十九贯五百六十七文；安仁县，五千五百四十二贯六百七十文；德兴县，三千七百九十七贯六百七十八文；景德镇，三千三百三十七贯九百五十七文；石头镇，八百四十八贯四百八十一文。"从上述记录中可以得知，在熙宁十年以前的"饶州旧六务"中没有景德镇，表明当时的景德镇还没有商税务，其商税是以买扑的方式征收，由监镇官兼管。从熙宁十年开始景德镇商税就与所在县（浮梁县）及饶州所辖其他各县并列被单独列举出来，表明最迟在熙宁十年的时候，就在景德镇设有商税务并派监务官管理。而有学者从县镇沿革入手考证出《宋会要辑稿》中记熙宁十年前的"旧额"时间为嘉祐元年至熙宁元年（1056—1068）之间[19]。所考甚为精确，当以为是。因此，景德镇设置商税务的时间应该在熙宁元年至熙宁十年（1068—1077）之间。

但是，景德镇与国内其他名镇不同，它从五代开始至北宋早期就是以烧制瓷器且以创烧青白瓷的手工业窑

场，到北宋中期开始更已经是名震全国的著名城镇，因此除了管理一般大镇的"烟火公事"的监镇官以及征收商税的税官以外，还另设置有管理景德镇瓷业生产和贸易的专门机构或专员。

如在北宋元丰年间，设立瓷窑博易务。李焘《续资治通鉴长篇》卷329称："元丰五年（1082）八月甲寅，饶州景德镇置瓷窑博易务，从宣义郎都提举市易司勾当公事余尧臣请也。"明确指出在景德镇置有瓷窑博易务。苏轼《东坡志林》卷五也谓："近者余安道孙（按：实应为子），献策榷饶州陶器，自监榷得提举。死焉。偶读《太平广记》，贞元五年（798年），李白子伯禽为嘉兴乍浦下场榷盐官，侮慢庙神以死，以此知不肖子代不乏人。"分析上述两条文献，大致可以得出如下意见：

"瓷窑博易务"，"博易务"指宋时官设的贸易机关，"瓷窑博易务"则系官设的专门管理陶瓷贸易的机构。《宋史·食货志》卷186载："凡州县皆置务，关、镇亦或有之，大则专置官监临，小则令、佐兼领，诸州仍令都督、监押同掌。……其名物各随地宜而不一焉。"既然州、县都设"务"，关、镇则不一定都设，而设者无疑是商业贸易特别发达的大关、大镇，现景德镇既然在元丰五年始设"瓷窑博易务"，说明景德镇的制瓷业发展到神宗时代，已经是

[18] 马端临：《文献通考》职官一七称"宋制，诸监镇官掌巡逻、盗窃及火禁之事。兼征税权酤，则掌其出纳会计"。

[19] 杨倩描：《北宋商税"旧额"时间考》，《中国史研究》1985年第3期。

空前发达和昌盛，瓷器贸易已成为大宗贸易，所以才有必要从一般的商业贸易和税务机关中分立出一个专司瓷窑贸易和税收的行政机关"瓷窑博易务"。

北宋有名的谏官余靖（字安道）之子余尧臣，当时在王安石为推行市易法而设立的机构——市易司中任勾当公事官，献策提出了在景德镇这一盛产瓷器的大窑场设置瓷窑博易务以垄断管理瓷器的买卖。结合王安石变法中市易法的内容，可以得知瓷窑博易务的职能是对景德镇的瓷器施行国家专卖法，即以较为便宜的价格收购当地产品，然后以较高的价格卖给一般商人，两者之间的差价作为国家财源的一部分上缴国库。因此，作为反对王安石变法的旧法党的代表人物之一的苏东坡称余尧臣为"不肖子"亦属情理之中。

李焘在《续〈资治通鉴〉长篇》卷340中又记："元丰六年(1083)十月甲戌（二日）承事郎监饶州商税茶务余舜臣言：臣兄尧臣献饶州景德镇瓷窑博易务，蒙朝廷付以使事，推行其法。方且就绪，以勤官而死。乞委臣勾当。诏令赴阙，中书审其人材可否以闻。已而舜臣至，乞上殿。乃复诏令归本任。"也就是说，余尧臣死后，其弟余舜臣要求接替兄长的职务，未获允准。众所周知，王安石变法在宋神宗死后不久就被废除了。景德镇瓷窑博易务是王安石变法的产物，而其设置的年代元丰五年距宋神宗死时的元丰八年不过四年，可以推测它存在的时间不会太长，在宋神宗死后不久随着变法的失败而退出了历史舞台。蒋祈《陶记》中记："或者谓：博易之务废矣，窑巡之职罢矣，今之不可复古矣。"可见瓷窑博易务最迟在南宋时代就已不存在了。

综上所述，自景德元年改镇名开始，宋代政府就在这里委监镇官管理，以京官出任，南宋时更遣升朝官监管，或以地方官佐理监陶。景德镇设置商税务以后，还有税务官员负责征收商税，对当地陶瓷产业实行征税、管制、专卖的政策。其间虽然有一些变化，但监镇官制度可以说是宋代政府在景德镇维持统治并贯穿始终的一条最根本的制度。除了监镇官、税务官以外，如前节所介绍的，还特别设有窑丞和监陶等官职专门负责监造和运输朝廷和官府所需之贡瓷。还曾设有瓷窑博易务专门管理景德镇的陶瓷产业和贸易。

（三）宋代景德镇的人口及其课税制度

宋初年建镇颇多，按照宋朝制度，建镇是有一定标准的，即要具备一定的税收和居住人口方可置镇。徽州歙县的新馆为商贾聚会之地，商税收入达二千一百余贯，但户口不及百家，虽有置镇建议，未获批准（《宋会要辑稿》方域十二之十九），可见置镇确有一定数量的人口要求。

宋代，景德镇与吉州窑所在的永和镇几乎同时建镇，而景德镇陶瓷生产的繁荣程度要大大超过永和镇。熙宁十年（1077年）永和镇的商税额为一千七百一十二贯四百二十六文（《宋会要辑稿》食货十六之十二），而同年景德镇的商税额几乎是永和镇的两倍，为三千三百三十七贯九百五十七文（《宋会要辑稿》食货十六之十）。此时永和镇的户数为"数千家"[20]，而景德镇的户数应该不会少于这个数字。另据洪迈《夷坚志》记载，宋代徐州萧县有白器窑30余座，有陶匠数百[21]。南宋蒋祈《陶记》记载："景德陶，昔三百余座。"则陶户无疑应有数千户之多，还有瓷商、牙侩、肩夫等人仰赖陶业生活。此外还应有从事农业、商业等其他产业生产的人口。《宋会要辑稿》食货十一之户口杂录条记载了宋代户数及人口的情况，如熙宁十年，户一千四百二十四万多，口三千零八十万。每户平均二人多一点，明显是户多口少，各家对此解释纷纭。大致，《宋会要辑稿》所录户数可信，人口隐漏则可能很多，例如仅记男丁未算女口等等。倒是同书食货二十四之十的记录较为可信："（熙宁九年）七月二十五日知洋州文同奏……本州管内三县，版籍有

[20] 明·钟彦章、曾子鲁《东昌志》(手抄本)载："及宋寖盛，景德中为镇市，置监镇，司掌磁窑烟火事。辟坊巷六街三市。时海宇清宁，附而居者数千家。"
[21] 洪迈：《夷坚三志》，卷四萧县陶户条："邹氏，世为兖人，至于师孟，徙居徐州萧县北之白土镇，为白器窑总首，凡三十余窑，陶匠数百。"

主客户凡四万八千余户……大率户为五口，亡虑二十四万余口。"另外，根据宋代的一些地方志统计，每户平均人口也大致为5人。罗原《新安志》卷1户口条谓："其在郡城中者，乾道户千二百八十一，口六千八百五十八；城外户六百五十，口三千二百八十一。"城内平均每户5.3人，城外5人。一家5口这个比例古今都差不多。据此推算，宋代聚居景德镇的人口至少应有万余人至数万人之众。宋代的坊郭固然有数万户甚至10万户以上的大城市，但是在5000户以上的，城市人口已可算是多的，一般的州城、县城，大约只在1000户至5000户之间，甚至有不超过数百户的州城[22]。因此，拥有数千陶户、数万人口的景德镇无疑是一人口众多的繁华大镇，其规模自然超过小型的州城、县城，而与中型州城、县城相当。

再来看看景德镇街区的情况，据考证，"南宋景德镇街区大致为东起十八桥，西频昌江，南起老关帝庙（今戴家弄附近），北至里市渡之南或至观音阁。今后街周路口等地仍为荒僻之地。大致东西约里许，若里市渡不属镇区，南北约3里，若半边街一带属镇街区，则南北约6里"[23]。而据《景定严州续志》称，嘉定六年（1213）新建的州城，东西八百二十有二丈，南北三百四十有四丈。换算成公里，约为东西2.3公里，南北0.95公里。仅仅略大于景德镇的街

区。可见，南宋时景德镇的街区范围也已不小。

宋王朝在建国后不久就基本上建立起一套比较完整的征收商税的政策和机构，以官务和买扑税场的形式在全国范围内编织成一个严密的商税网。景德镇作为一个在五代就已初具规模，北宋初期就掌握了青白瓷制作技术的窑场，在景德元年正式建镇以前就应该被征税了，因为当时景德镇尚未建镇，也未闻有差官置务的记录，所以可以推知当时景德镇瓷器的商品交易规模还比较小，商税额也不大。而征税方法则是采用买扑商税的办法。

景德元年的建镇标志着景德镇陶瓷产业和商品经济交换已达到一个新的水平。如前所述，景德镇商税务的设置是在熙宁元年（1068）至熙宁十年（1077）之间，因此在景德元年至熙宁元年之间的这段时期，征税仍然是沿用买扑商税的办法，由监镇官兼理。一般说来，买扑制度是在税课较低的地方才实行，而宋初的买扑是在年入500贯以下的地方施行。但当时景德镇施行买扑商税制，是否就能说明其陶瓷经济发展水平不高呢？这里有必要稍作讨论。刘挚《忠肃集》卷五《论役法疏》记："旧制，扑户相承，皆有定额，不许增抬价数，辄有划夺。"可见宋初买扑的税额是固定的，不得抬价。宋初定下的买扑税额一直沿用到宋代中期，明显不适

合时代的发展。这种制度在一些经济发展缓慢的地区，既可减少官府设官兼管的开支，又有一定的税收，不失为一较好的政策，但在如景德镇之类经济快速发展的地区实行这一制度，就得不偿失了，巨额的商税利益流入买扑户手里。因此熙宁元年宋神宗即位后，就开始推广实封投状制"许价高者射取之"，即谁出钱多就由谁来买扑，出现了"争越旧额，至有三两倍者；旧百缗，今有至千缗者"的情况。故此，不能简单地认为宋初实行买扑税制的地区其经济发展水平就必然不高。

《宋会要辑稿》食货五十四之三记："仁宗天圣四年（1026）正月三日，敕逐路转运司相度辖下州军外镇道店商税场务，课利年额不及千贯至五百贯以下处……许人认定年额买扑，更不差官监临。"（按："更不差官监临"中的"官"当为税务官，而非监镇官。）熙宁元年至熙宁十年之间景德镇商税务的设置，标志着此时景德镇的商税已经超过一千贯了。而到了熙宁十年，景德镇的商税更高达三千三百三十七贯九百五十七文，仅仅略低于所在之县——浮梁，而几乎与德兴全县额数相等，当时景德镇陶瓷产业的繁荣可见一斑。

南宋时景德镇的商税没有文献记载，但蒋祈的《陶记》记录了当时景德镇的附加税的情况："宪之头子、泉之率分、统制之供给、经总

[22] 梁庚尧：《南宋城市的发展》，(台湾)国立编译馆主编《宋史研究集》第16辑，1986年7月版。

[23] 梁淼泰：《明清景德镇城市经济研究》，江西人民出版社，1991年版，第8页。

之移用，州之月桩、支使、醋吏，镇之吏俸、遗孤、作匠，总费月钱几三千余缗。而春秋军旅、圣节、郊祀赏赍、试闱、结葺犹不与此，通融计之，月需百十五缗。"可见南宋时景德镇每月要交纳的杂税和附加税为三千一百一十五缗以上，一年就至少需要交纳三万七千余缗。南宋时景德镇商税应不会低于这个数字，约为熙宁十年的10倍。南宋的商税，一般认为比北宋有较大幅度的增长。以湖州乌程县乌墩镇为例，熙宁十年的商税年额为二千一百四贯四百七十五文（《宋会要辑稿》食货十六之八），而到了南宋其税钱激增到每月一千七百七贯（嘉泰：《吴兴志》卷8），年收可达二万余贯。南宋商税的增加，固然与南宋政府提高税额、乱立税目有关，但南宋商品经济的兴旺发达，也是不可否认的事实。

关于宋代商税的税制，《宋史》卷一百八十六食货下八记："行者赍货，谓之过税，每千钱算二十；居者市鬻，谓之住税，每千钱算三十，大约如此。"这是宋代商税主要的两种形式。所谓过税，税额为2%，指商品在运往目的地的途中经过各地的税场、税务时所交纳的通关税。每过一个税关都要交一次过税，一般要交两三次以上。而住税的税额为3%，包括生产者出售产品时所纳的税，城市坐贾所纳的税，外地商客运贩货物到目的地后出卖商品所纳的税。因景德

镇地处偏僻，并非商品的转运集散之地，单纯的商品过境的过税很少，可以忽略不计。因此，熙宁十年景德镇商税额三千三百三十七贯九百五十七文当中，几乎都是在本镇交易过程当中所交的住税。简单地以3%换算，其时的商品交易额在十一万贯以上。一般，本地生产的商品售予本地零售商、零售商再售予消费者时要纳两道住税，此时的税率为6%。只有生产者自己零售或外地行商来收购时才纳一道住税。就景德镇来说，其生产的陶瓷绝大多数是行销外地的，供本镇消费的不会太多，姑且以2/3为行销外地（纳一道住税），1/3在本镇销售（纳两道住税）计算，则景德镇熙宁十年商税中的2/3的税率为3%，交易额为七万四千余贯；1/3的税率为6%，交易额为一万八千余贯（比重可能偏大，但可与忽略未计的过税相抵），合计景德镇熙宁十年的商品交易额为九万贯以上，而其中的绝大部分肯定是买卖瓷器时的交易额。

除了商税以外，还有一种特殊的税制，即瓷课，至少在南宋时期甚为盛行。蒋祈在《陶记》中记述了这种税制的情况："窑之长短，率有觊数，官籍丈尺，以第其税。……兴烧之际，按籍纳金。"其标准是按窑的大小，也就是说以窑的装烧容量来确定税赋的多少，不管烧成后成品率如何，也不管稍早过程中有否倒窑事故，都按事先标好的标准缴税，这无

疑大大加重了窑户的经济负担，南宋中期以后，一些中小型窑户纷纷停产或倒闭，这种苛刻的课税制度亦是重要原因之一。此外，《宋史》赵必愿传中，也可以看到"白土课"的名称[24]，这实际上也是一种与陶瓷业有关的课税制度。可见宋代确实有一种不同于其他税制的瓷课的存在。而这种瓷课是由专门的瓷窑税务来管理的。在山西介休洪山镇宋代瓷窑遗址附近的源神庙发现一碑，其碑阴题名中就有"瓷窑税务任韬、前瓷窑税务武忠"等文字[25]。

关于瓷课的税率问题，《元典章》卷22载："至元五年（1268）……瓷窑旧例，二八抽分办课。"元代立国之初就早早地确立了这一制度，当为沿用宋、金旧制。因此，宋代瓷课的税应为2／10。

（四）景德镇青白瓷的国内市场与海外输出

中国瓷器发展到宋代，质量不断提高，种类也日渐丰富，于是，瓷器逐渐取代漆器等器类，成为中国人主要的生活用具。宋朝的制瓷业也因此出现了欣欣向荣的局面。宋朝瓷窑遗址遍布全国，形成了许多闻名遐迩的著名窑场，按明、清时代传统的说法是所谓"五大名窑"，即"柴、汝、官、哥、定"或"汝、官、哥、定、钧"。实际上，近

[24] 《宋史》卷四一三列传第一七二"理宗绍定中（1228—1233），赵必愿移泉州，罢白土课及免差吏榷铁"。
[25] 吴连城：《山西介休洪山镇宋代窑址介绍》，《文物参考资料》1958年第10期。

几十年来的大量陶瓷考古资料证明，传统的"五大名窑"的说法是有局限性的，也是不科学的，所以在权威性的《中国陶瓷史》中，一改"五大名窑"的说法，而将宋代的瓷窑归纳为定窑、耀州窑、钧窑、磁州窑、龙泉窑和景德镇窑六大窑系，这是完全符合历史实际的。以景德镇青白瓷系来说，通过前面诸章所介绍的考古资料，我们有充分的理由确信"景德镇窑在宋代与定窑同等驰名，就其生产规模与市场范围来看，则又远远超过定窑和同期的其他窑场而成为宋王朝无与伦比的头号瓷窑"[26]。其青白瓷产品为宋代社会大众所喜爱，不仅在国内广为流通，而且行销海外，为宋朝政府带来巨额利润。

（甲）景德镇青白瓷的国内市场

宋代景德镇青白瓷器国内市场的流通情况，在当时宋人的一些零星记载中就有所载及。浮梁人程筼在北宋崇宁四年（1105）给河南修武当阳峪窑窑神庙撰写碑文回忆他的故乡时，就曾自豪地说："番君之国善陶冶，运以口口遍天下。"[27]番（音潘）和鄱为古今字。春秋战国时，江西境有番、艾两邑，秦时设番县，吴芮为番令。汉为鄱阳县。浮梁在唐建县以前一直属鄱阳县境，唐、宋时的新平、浮梁县又一直隶属治鄱阳的饶州管辖。"遍天下"可见其当时景德镇瓷器的商业市场是何等广阔。

南宋·汪肩吾在其所著《昌江风土记》中也说："其货之大者，摘叶为茗，伐楮为纸，坯土为器，自行就荆、湘、吴、越间，为国家利，其余纺丝布帛，负贩往来，盖其小者耳。"[28]

南宋蒋祁在《陶记》中更是具体地写道："浙之东、西，器尚黄黑，出于湖田之窑者也。江、湖、川、广，器尚青白，出于镇之窑者也。碗之类，鱼水、高足……此川、广、荆、湘之所利。盘之马蹄、槟榔……此江、浙、福建之所利。两淮所宜，大率皆江、广、闽、浙澄泽之余。"

除此之外，更能明确地反映景德镇瓷器作为商品广为流通的宋代文献，就是描述南宋首都临安繁华都市生活的耐得翁的《都城纪胜》和吴自牧的《梦粱录》。《都城纪胜》铺席条记："也有大小席铺，皆是广大物货，如平津桥沿河、布铺、扇铺、温州漆器铺、青白碗器铺之类……"《梦粱录》卷十三铺席条中记："杭州大街……黄草铺温州漆器、青白磁器。"同书杂货条也记有："青白瓷器、瓯、碗、碟、茶盅……"可见当时景德镇等地烧造的青白瓷不仅已经作为商品在南宋京城临安被出售，而且还设有专卖店，专售青白瓷器。

上述文献有关景德镇瓷器在当时国内销行的记载，从地域范围上看，仅限于江、湖、川、广、浙、福建以及两淮的长江流域数省区，基本不越江淮以北，但实际情况并非如此，而已远销北方各地。在南宋·洪迈的《容斋随笔》卷七中，曾载有这样一个专做瓷器生意的商人，他名叫曾叔卿，江西南丰人，是北宋大文学家曾巩之叔。俗语说"无奸不商"，但这位生意人，却经商有道，诚实不欺，因而博得士人为其立传。这位商人是专门贩运江西，特别是景德镇瓷器"转易于北方"的。有一次，曾叔卿贩来一批瓷器却没有及时转运到北方各地去卖，遂"有人从之并售者"。这人是做瓷器转手生意的，曾叔卿当即与之，并已纳价，只是随即顺便问了一句你买这么多瓷器准备到何处去卖？其人对曰："欲效公前谋耳。"也就是说，他也准备运往北方去销售，曾叔卿一听，当即把实情告诉他："不可，吾缘北方新有灾荒，是故不以行，今岂宜不告以误君乎？"结果，曾叔卿没有把瓷器卖给他，使他免遭赔本。曾氏的这笔买卖虽没做成，但从一个侧面说明了景德镇的青白瓷器在北方的销路很好。

从历年来的考古资料看，全国各地墓葬和遗址出土的青白瓷，据上世纪80年代冯先铭先生统计[29]，就有河北、山西、山东、河南、辽宁、吉林、陕西、江苏、浙江、安徽、

[26] 刘新园：《景德镇瓷窑遗址调查与中国陶瓷史上的几个相关问题》，《景德镇出土陶瓷》，香港大学冯平山博物馆，1992年7月。

[27] 陈万里：《谈当阳峪窑》录宋程筼《怀州修武县当阳村土山德应侯百灵庙记》，《文物参考资料》，1954年第4期。

[28] 汪肩吾：《昌江风土记》，载康熙《浮梁县志》卷八。

[29] 冯先铭：《综论我国宋元青白瓷》，《中国古陶瓷论文集》，紫禁城出版社、两木出版社，1987年版。此后二十多年来，出土青白瓷的省区除冯先生统计的19个省区外尚有甘肃和云南省，总数已超过20个省区，见《甘肃陇西李泽夫妇合葬墓》，出土青白瓷碗两件，参见《文物参考资料》1955年第9期。各省区出土青白瓷的市县地点也大为增加。

图7.青白釉葵口高足碗（山西大同东风里辽墓出土）

湖南、湖北、江西、福建、广东、广西、四川、内蒙古、新疆等19个省和自治区的106个县市都有青白瓷出土。冯氏说："青白瓷流动地域如此广泛，几乎达到了全国三分之二的省份，除个别省出土青白瓷为本省产品外，绝大多数青白瓷都是景德镇窑产品，任何一个宋代瓷窑产品都远远不及景德镇青白瓷流动区域广泛。"

当然，在讨论景德镇青白瓷的销售市场问题时，必须指出，在全国三分之二省份出土的青白瓷中，绝大多数青白瓷都应是景德镇烧造的，而且有相当部分就是湖田窑烧造的，这应

是一个不争的事实，近年在塞北山西大同市东风里一座辽代壁画墓里出土有两件北宋青白瓷葵口高足碗[30]，其胎质洁白细腻，釉色青中显白，透光莹润，口径12.5厘米、足径5厘米、高7.7厘米（图7），从其造型、釉色乃至大小规格诸特征看，和湖田窑址出土的青白釉葵口高足碗完全相同[31]。还有一点要指出，在全国各地出土的青白瓷中，虽然多数是作为商品被贩卖到当地的，但肯定也有一些是作为官僚贵族富商的爱用品因搬迁等原因被随身带去的，因此必须具体分析各地的出土情况，并结合当地的瓷业生

产，把它们区分出来。同时，还必须利用宋代的文献史料，分析当时的商业流动组织、运输手段及商品贸易的发达程度，才能得出一个比较客观的结论。

1991年在四川遂宁县金鱼村曾发现一处南宋窖藏[32]，出土瓷器985件，其中龙泉青瓷342件，而景德镇青白瓷器就达600件之多，占到全部瓷器总数的60%以上，其中出土的青白釉刻划缠枝花卉纹梅瓶就有3件，最大的一件高达41.6厘米，是青白瓷中罕见的大件精品（图8）。在一个地方、一个窖藏出土如此多的瓷器，在中国国内

---

[30]　大同市考古研究所：《山西大同东风里辽代壁画墓发掘简报》，《文物》2013年第10期。

[31]　江西省文物考古研究所等：《景德镇湖田窑址》(下)，文物出版社2007年版，彩版一五，3、4、5。

[32]　庄文彬：《四川遂宁金鱼村窖藏》，《文物》1994年第4期；李伟纲　何瀍中编：《宋瓷精粹——金鱼村窖藏》，四川美术出版社，2001年。

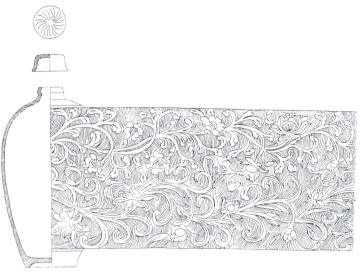

图8.青白瓷中罕见的大件梅瓶(四川遂宁金鱼村出土)

尚属首次，难以想象一个家族在日常生活中要使用如此之多的瓷器，而且形态完全相同的器物极多，其中很多器物没有使用过的痕迹，因此有充分理由推测，此窖藏的主人当有可能为瓷器商人[33]，当然也有可能这批窖藏物品"就是官府或官员囤积待售的商品"。[34]但不管怎样，都足以说明南宋时期的景德镇瓷器已经作为商品被贩卖到素称蜀道难的四川了。

再如，1963年浙江绍兴缪家桥发掘了一口南宋时代的古井[35]，井底有当时无意散落的日用瓷器42件，其中龙泉青瓷6件，景德镇的芒口青白瓷器竟达23件，占到总数的54.8%，而浙江境内的龙泉青瓷仅占总数的14.3%。这一方面反映了薄胎厚釉、造价颇高的龙泉窑青瓷不曾为南宋社会广泛使用，而景德镇大量生产的成本低廉的芒口瓷器却是当时社会广为欢迎的日用品；另一方面，还意味着景德镇窑在与龙泉窑的相互竞争中，景德镇以其产品价廉而逐渐夺取了龙泉窑在浙江境内的部分瓷器市场。

（乙）景德镇青白瓷的海外输出

宋、元时期是中国陶瓷向海外输出的重要时期。宋王朝立国之初就很重视海外贸易，先后在广州、明州、杭州、秀州和泉州等处设立了管理对外贸易机构——市舶司，还派内侍等重要官员到海外去招徕贸易。南宋时统治地区疆土日蹙，税源减少，糜费日增，又立国江南，因此更加采取奖励对外贸易的政策，照顾与优待外商，借以通过海外贸易抽纳税以弥补财政的不足。同时，宋代经济的发展、科技的进步，为对外贸易的发展提供了坚实的物质基础，特别是发达的造船业和指南针的应用，直接促进了海外贸易的发展。就在这种社会大背景下，宋代陶瓷的海外输出有了一个飞跃的发展，景德镇的青白瓷当然也不例外。

关于宋瓷的外销，南宋赵汝适的《诸蕃志》是一部重要文献。根据该书的记载以及50多年来各地出土的陶瓷碎片来看，宋代中国瓷器输出的国家和地区达50多处，诸如日本、朝鲜、菲律宾、印度尼西亚、印度、巴基斯坦、斯里兰卡、埃及和坦桑尼亚等国家都有宋瓷出土。在这些海外贸易瓷中，青白瓷是仅次于越窑青瓷的主要外销品种，而景德镇窑的青白瓷又是青白瓷输出品中最主要的，其他的青白瓷则是福建、广东等地窑场专门为外销而烧制的青白瓷。

1. 东亚地区

东亚地区的日本和朝鲜在历史上与中国有着千丝万缕的联系，也是出土宋元瓷器最多的地区。

中国北宋时期约相当于日本藤原氏全盛时代前后，在此期间，中日方面的对外贸易政策很不相同。宋政府在对外贸易方面采取了积极的政策，而日本藤原氏却采取禁止日本人私自出海贸易的锁国政策。但中日之间的民间贸易并未中断，尤其是中国商人以其坚韧不拔的精神，冲破种种阻力和障碍，仍然将部分瓷器运入日本。据中日现存史籍的初步统计[36]，仅北宋167年间，宋朝海船航渡日本的达70次之多，这仅是见诸史书记载的，尚有更多的未被记录下来。熙宁四年（1071），日本僧人成寻入宋，在谒见宋神宗时，表述说在日本最需要的东西就是香料、锦缎、茶垸（对中国陶瓷的特殊称呼）等[37]。这都表明中日之间的经济文化交流势不可挡，并且日趋发展。

到了南宋时代，日本的政局发生了根本的变化，特别是自平清盛上台以后，积极奖励对宋的贸易，并在摄津的福原建造别墅和修筑兵库港，以及开通濑户，发展对外贸易，从而打破了过去不放一船出海的日本长期的锁国政策。在两国政府的共同支持下，双方贸易空前活跃，瓷器的交易大大超过北宋。

据《日本出土的中国陶瓷》一书统计，日本各地出土中国瓷器的地点

---

[33]　(日本)弓场纪知：《四川遂宁发见の南宋窖藏出土の陶磁器とその意义》，《印封された南宋陶磁展》图录所收，1998年。

[34]　黄义军：《宋代青白瓷的历史地理研究》，文物出版社，2010年版，第210页。

[35]　绍兴县文物管理委员会：《浙江绍兴缪家桥宋井发掘简报》，《考古》1964年第11期。

[36]　木宫泰彦：《日中文化交流史》，第二章"日本和北宋往来一览表"。

[37]　矢部良明：《中国出土的唐宋时代的陶器》，载《中国古外销陶瓷研究资料》，第3辑，1983年。

达40个县以上，几乎遍布日本本土、九州、四国沿岸及中心地带，特别是福冈、熊本、冲绳、京都、神奈川县出土宋瓷的地点、数量和品种最多。可以毫不夸张地说，宋代瓷器在中国以外的出土数量，没有一个国家可以和日本相比。

在日本出土的大量宋瓷中，以青白瓷和青瓷为主，青白瓷中较多的是景德镇窑的产品，而且绝大多数都是属于南宋时期的。《佛日庵公物目录》载有镰仓幕府时代的饶州汤盏一对、汤瓶一件、钵一尊，这都是南宋朝输到日本的由景德镇所烧造的青白瓷器[38]。

日本出土的青白瓷中以盘、碗为最多，而碗、盘则多为芒口，这和景德镇窑在南宋及元大量烧制芒口器是吻合的。芒口器，日本称为"秃口"，这种"秃口"器，在日本是"13世纪以后输入的，在口部边缘做成无釉的露胎覆烧碗碟，全国各地都有出土，有不带花纹，也有用印花浮纹做出花纹的，不管哪一种却未曾见到可以追溯到12世纪以前的编写资料"[39]。日本有的学者更是明确地指出："12世纪后期到13世纪输入的中国陶瓷主要是以青白瓷镶边芒口碗为

代表，是日本国内各地发现最多的陶器之一。"[40]

除碗、盘外，尚有瓶、壶、罐、盒子、水注、经筒等。福冈县太宰府町观世音寺宇露切出土的青白瓷水注（执壶），现藏东京国立博物馆[41]。这件水注高17.3厘米，小口，口部有凸起的弦纹，颈细而短，近圆腹，短流，带把手，胎体洁白细腻，青白釉莹润透亮。这些特点与江西省南昌市塘山宋无名氏墓出土的青白瓷水注相近，由于该墓还出土有"绍兴通宝"铜钱，所以这件青白瓷水注的年代可定为南宋早期[42]，而且应该都是景德镇窑的产品。另外滋贺县大津市比叡山收集到一件制作精致的青白瓷水注，其形态同样具有北宋晚期到南宋早期景德镇窑的风格。

青白瓷盒在日本出土很多，且多数出于经塚之中，据有的学者统计，约有100余件[43]。这种青白瓷盒，造型别致，规格不同，盒盖的表面有菊花纹、花草纹、鸟纹、双凤纹和牡丹纹等；盒的底部往往印有铭记，如德岛经塚出土一件底部就印有"口家盒子记"，惜第一字已模糊不清[44]。显然，从这些盒子的规格、造型和纹饰等特点，特别是底部多印有"某家盒

子记"等铭记看，无疑都应是景德镇的输出品，因为在福建、广东等地青白瓷窑口烧制的盒子是不大见到底部印有铭记的。此外，景德镇青白瓷梅瓶在日本也有较多发现，其数量仅次于磁州窑的产品。大宰府遗址和镰仓市区有大量出土[45]。

值得注意的是，这些青白瓷的水注、小盒和梅瓶大多出土于日本的庙宇附近遗址，盒子又多与经筒一起出土，且多数置于经筒之内，说明它们多是作为宗教器物，在实用上表现出与中国不同的特征。陶瓷作为一种物质文化，其使用价值往往受到审美观念的影响，而审美价值又取决于各种文化心理因素的影响，例如民族文化、宗教文化等。把青白瓷当作宗教器物，这大概是出于青白瓷洁白晶莹，似乎最能表达出虔诚的心态的缘故。

如前所述，在日本出土的青白瓷中，除有较多的来自景德镇窑外，尚有一些来自广东，特别是福建地区窑场的产品。爱媛县松山市石手町经塚出土的青白瓷四耳罐，特点是胎体比较厚重，釉质较粗，青白釉色略显发黄，釉面光润明亮，但有流釉现象。类似的青白瓷罐在日本其他地方也有出土，显然这类产品不是景德镇窑生

[38]　傅振伦：《中国古代瓷器的外销》，《古陶瓷研究》第1辑，1982年。
[39]　矢部良明：《中国出土的唐宋时代的陶器》，载《中国古外销陶瓷研究资料》，第3辑，1983年。
[40]　佐佐木达夫：《日本海的陶瓷贸易》，载《中国古外销陶瓷研究资料》，第3辑，1983年。
[41]　矢部良明：《中国出土的唐宋时代陶器》，载《中国古外销陶瓷研究资料》，第3辑，1983年。
[42]　郭远谓：《南昌市东郊发现宋墓》，《文物工作资料》(内部)1959年第6期。
[43]　佐佐木达夫：《日本海的陶瓷贸易》，载《中国古外销陶瓷研究资料》，第3辑，1983年。
[44]　佐佐木达夫：《日本海的陶瓷贸易》，载《中国古外销陶瓷研究资料》，第3辑，1983年。
[45]　矢部良明：《中国出土的唐宋时代的陶器》，载《中国古外销陶瓷研究资料》，第3辑，1983年。

产的，倒是和广东潮州窑宋代青白瓷产品有更多的相似。

朝鲜半岛出土的宋瓷中，景德镇青白瓷的数量也较多，如江原道春川邑出土的青白瓷印花盘就达30件。最为引人注目的是南朝鲜新安海底发现的一艘我国元代沉船[46]。船中共打捞出各类器物19000余件，其中陶瓷器就达16792件，而这批瓷器中仅青白瓷（包括少数白瓷）就有4813件，而且这些青白瓷大部分属于景德镇窑系产品，主要器形有碗、盘、壶、罐、瓶、炉、砚滴和枕等。纹饰有云、龙、鱼、凤、蕉叶、菊、莲、梅、牡丹、如意等，并有青白釉上施加褐色点彩装饰。一些芒口碗、盘，还镶上了银扣。这些瓷器绝大部分为元代中期器物，但也有少数南宋时的器物。如一件宋代卧女枕，倭角长方形底座上侧卧一少妇，身着对襟长袍，左手托头，右手平放于右腿上。中部有支柱承枕面，枕面作荷叶状。这种姿态、服饰相同的卧女枕，不仅在镇江宋墓出土过，而且在近年景德镇湖田窑地层中也出土过残件，说明这种造型的青白釉卧女枕也应是景德镇湖田窑的产品。

2．东南亚地区

菲律宾是东南亚地区出土中国陶瓷较多的国家，而宋元时期青白瓷在出土瓷品中占有一定比例，主要有壶、瓶、盒、洗和碗等，其中有景德

镇窑的产品，但看来更多的是广州西村窑、广东潮安窑以及福建德化、泉州等窑场制品。元代景德镇生产的带铁斑装饰的小件瓷品也出土较多，在国内极为少见，应是景德镇窑专门为适应外销而烧造的品种。

马来西亚出土的中国瓷器达到了惊人的程度，仅沙捞越博物馆20世纪70年代十几年间发掘出土的瓷片就达100余万片。这些瓷片中有青白瓷、青瓷、黑瓷和磁州窑系瓷器，青白瓷主要有壶、瓶、盒子、洗和碗等器物，且大多是福建德化、泉州和广东潮安、广州西村窑的烧制品。在马来西亚的莫尔包河口南边的布吉巴土林登(Bukit Batu Lintang)则出土有景德镇及德化窑阳纹印花瓷器[47]。

巴基斯坦的卡拉奇东南40英里的巴博(Bhambose)，20世纪80年代发掘古遗址时，出土了很多中国越窑青瓷和带刻划纹的青白瓷器，其中青白瓷中不少属景德镇窑产品，这是一处新发现的出土宋代青白瓷的国外古遗址之一。

宋代景德镇青白瓷在东亚地区出土较多，而东南亚地区较少，反映了宋景德镇青白瓷的海外市场主要是日本与朝鲜。为什么销往东南亚地区的较少呢？这是因为当时对东南亚贸易的主要港口为广州和泉州，而当时广东、福建、广西等东南沿海诸省区为适应海外贸易的需要建立了众多烧造

青白瓷的窑场，如福建省发现宋元时期青白瓷窑址就有18处，是烧青白瓷最多的一个省。对于瓷器外销来讲，不言而喻，它们比景德镇更具有地理位置上的优越性。

3．西亚及中非地区

据日本学者三上次男教授的调查考察证实[48]，在阿拉伯半岛的南岸、东岸、北岸都发现有中国瓷器。例如南岸的亚丁、加乌德、阿姆·塞拉、比哈尔、海港城市阿布扬等文化遗址的废墟中，以及北也门和沙特阿拉伯国境线附近的扎哈兰、阿曼的苏哈尔、东北岸的巴林等地都有不等的发现。这些地区出土的中国陶瓷，宋、元、明、清时代的都有，在宋元时期的瓷品中，当以浙江越窑青瓷、龙泉青瓷为多，但也有一部分景德镇和福建等地生产的青白瓷器。

在伊拉克，两河流域的萨马拉是阿巴斯王朝时代萨拉森帝国的都城之一，公元838年建都，公元883年废弃，但后来一直都有人居住，很长时期以后才成为废墟。20世纪法、德等国考古学家对其废墟进行发掘，曾出土不少中国瓷器。三上次男教授在巴格达的阿巴希德宫博物馆参观考察了1936—1939年发掘出土的陶瓷标本，其中就有很多12世纪至13世纪南宋时代的青白瓷、青瓷。在西柏林的达累姆博物馆也收藏有从伊拉克萨马拉宫殿和清真寺旧址中出土的中国瓷

[46]　郑良谟：《新安海域陶瓷编年考察》，载《中国古外销陶瓷研究资料》，第1辑，1981年。
[47]　中国硅酸盐学会：《中国陶瓷史》，文物出版社，1982年版。
[48]　三上次男：《陶瓷之路—东西文明接触点的探索》，载《中国古外销陶瓷研究资料》，第2辑，1982年。

器，其中大量的就是公元10世纪至13世纪即宋朝的龙泉青瓷、青白瓷和白瓷等。萨马拉古城出土的这些青白瓷中，无疑也应包含一部分景德镇窑的制品，只是有的年代可能要晚到宋末元初。

宋代景德镇的青白釉瓷器，当年还随着漂洋过海的商船，销往埃及福斯塔特等地。在开罗附近的福斯塔特遗址，经过上世纪数次的考古发掘，出土了中国唐代的越窑青瓷、北方白瓷，宋代的耀州窑青瓷、龙泉青瓷和景德镇的青白瓷等，当然还有明代的景德镇青花瓷器等。特别是从12世纪到13世纪的南宋时期，也就是埃及

的法蒂玛王朝后期和阿尤布王朝时，开始发现更多的龙泉青瓷、景德镇和其他南方窑生产的青白瓷。青白瓷中碗、盘较多，有的碗的内底心为团菊纹，碗壁饰散点式团形花卉，有的平底盘的盘壁饰凸弦纹，有的碗、盘的内底心和内壁刻划缠枝牡丹花纹，在花叶上划出梳齿篦纹或篦点纹，这些都应是景德镇湖田窑青白瓷的装饰风格。到14世纪即元朝时，也就是埃及的马木鲁克王朝前期，福斯塔特出土的中国陶瓷，更是以龙泉青瓷和景德镇窑的青白瓷和青花瓷为代表[49]。福斯塔特遗址是中国陶瓷自然也是景德镇青白瓷器传到非洲的最重要的一个

点，此后，很多中国的陶瓷就是以这里作为中转站运往非洲各地和地中海沿岸。

除福斯塔特外，在红海岸边的重要港口埃德哈卜、也是11世纪到14世纪中国瓷器输入埃及的主要码头。在该港口的废弃堆积中，散布着大量的中国陶瓷和伊斯兰陶器、玻璃器，而以中国的瓷器数量最多，其中11世纪到13世纪的青白瓷器，多素面或刻简单的花卉纹，主要是江西景德镇或其他如福建德化窑等地的产品。这些从东方输入的瓷器从埃德哈卜通过商队运往尼罗河沿岸的城市，或通过海路运往阿拉伯半岛的城市。

---

[49]　三上次男：《中国陶瓷在埃及中世纪遗址中的发现》，载《中国古陶瓷研究》，第3辑，1999年。

第五章

湖田窑青白瓷的鉴赏与收藏

大量考古发掘资料证实，景德镇湖田窑的窑火远从五代开始兴烧到明代隆(庆)、万(历)之际最后熄灭，其间连续不间断的烧造达700余年，烧造时间如此之长，这在中国古代众多瓷窑中是罕见的。在这漫长的岁月中，湖田窑烧制的瓷器品种众多，有白瓷、青瓷、青白瓷、黄黑釉瓷、黑釉瓷、卵白釉瓷(枢府瓷)、青花瓷、釉里红瓷、青花釉里红瓷和绿釉瓷、蓝釉瓷等，但诚如大家所熟知的，其最主流、最具代表性的产品是青白釉瓷，其烧制的青白瓷质量之佳即造型之多姿秀美、釉色之滋润剔透，乃至产品数量之多、窑场规模之大，在景德镇诸多窑场中都是首屈一指没有能与之相比的。今天在坊间人们只要一谈到湖田窑就必然想到青白瓷，一谈到青白瓷就必然联想到湖田窑，湖田窑可以说已成了宋元时期南方青白瓷的代名词。为此，本章拟就宋元时期景德镇湖田窑青白瓷的繁复器类、丰富多彩的装饰纹样、装饰手法以及烧造工艺等鉴赏基础知识及相关问题谈

一些初步意见，供朋友们鉴赏和收藏时参考。

（一）湖田窑青白瓷鉴定的基础知识

(甲)名品繁复的器类

湖田窑的青白瓷造型丰富，名品繁多，可以说应有尽有，有的学者从造型上将其分为琢器和圆器两大类。所谓琢器，是指立体造型的瓷器，如瓶、尊、罐等；圆器是指平面造型的瓷器，如碗、盘、碟等。鉴于宋元时人们社会生活相当丰富，而青白瓷的造型涉及日常生活的各个方面，器类繁杂丰富，变化多样，这里，我们仅依据其功能、用途、性质的不同大体分为日常生活用器、艺术陈设赏玩和明器神煞三大类，现分类选其主要品种就其造型特征及演变作一简单考析和介绍。

第一类　日常生活用器

此类品名最繁，数量最多，具体

又可区分为餐饮器、酒茶器和其他日用器等种类。

(1)餐饮器

主要有碗、盘、碟、钵、罐、渣斗、水浇、缸、盂等，其中又以碗、盘、碟为大宗。

碗　造型繁杂，变化多样。北宋早期的碗为敞口、唇口或花口，足径较大，碗壁浅斜（图1—①、③），基本保留五代遗风，但已扬弃了五代支钉叠烧法，所以碗心无支钉烧痕。这时产品一般素面较多，纹饰也很简

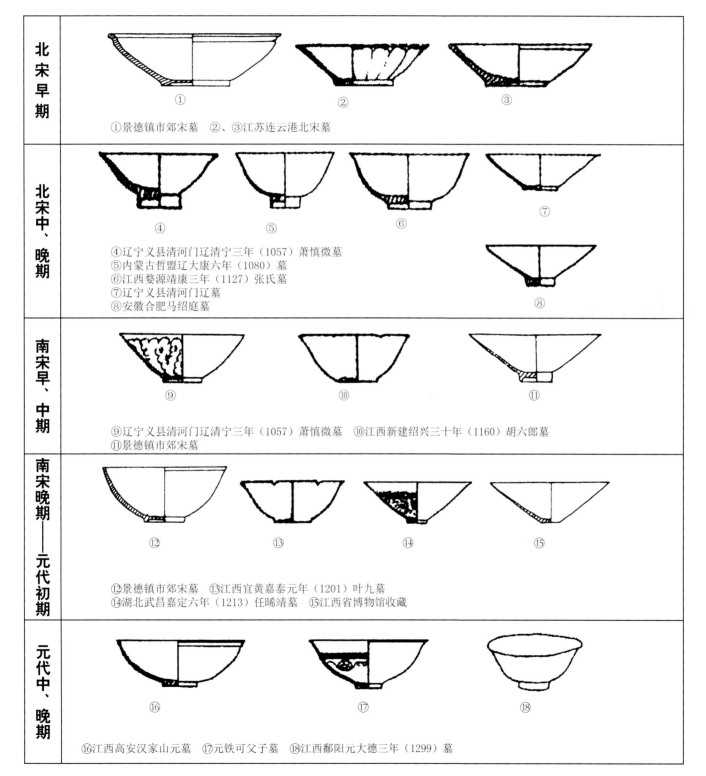

北宋早期
①景德镇市郊宋墓　②、③江苏连云港北宋墓

北宋中、晚期
④辽宁义县清河门辽清宁三年（1057）萧慎微墓
⑤内蒙古哲盟辽大康六年（1080）墓
⑥江西婺源靖康三年（1127）张氏墓
⑦辽宁义县清河门辽墓
⑧安徽合肥马绍庭墓

南宋早、中期
⑨辽宁义县清河门辽清宁三年（1057）萧慎微墓　⑩江西新建绍兴三十年（1160）胡六郎墓
⑪景德镇市郊宋墓

南宋晚期——元代初期
⑫景德镇市郊宋墓　⑬江西宜黄嘉泰元年（1201）叶九墓
⑭湖北武昌嘉定六年（1213）任晞靖墓　⑮江西省博物馆收藏

元代中、晚期
⑯江西高安汉家山元墓　⑰元铁可父子墓　⑱江西鄱阳元大德三年（1299）墓

图1.青白釉碗类典型造型年代分期简图

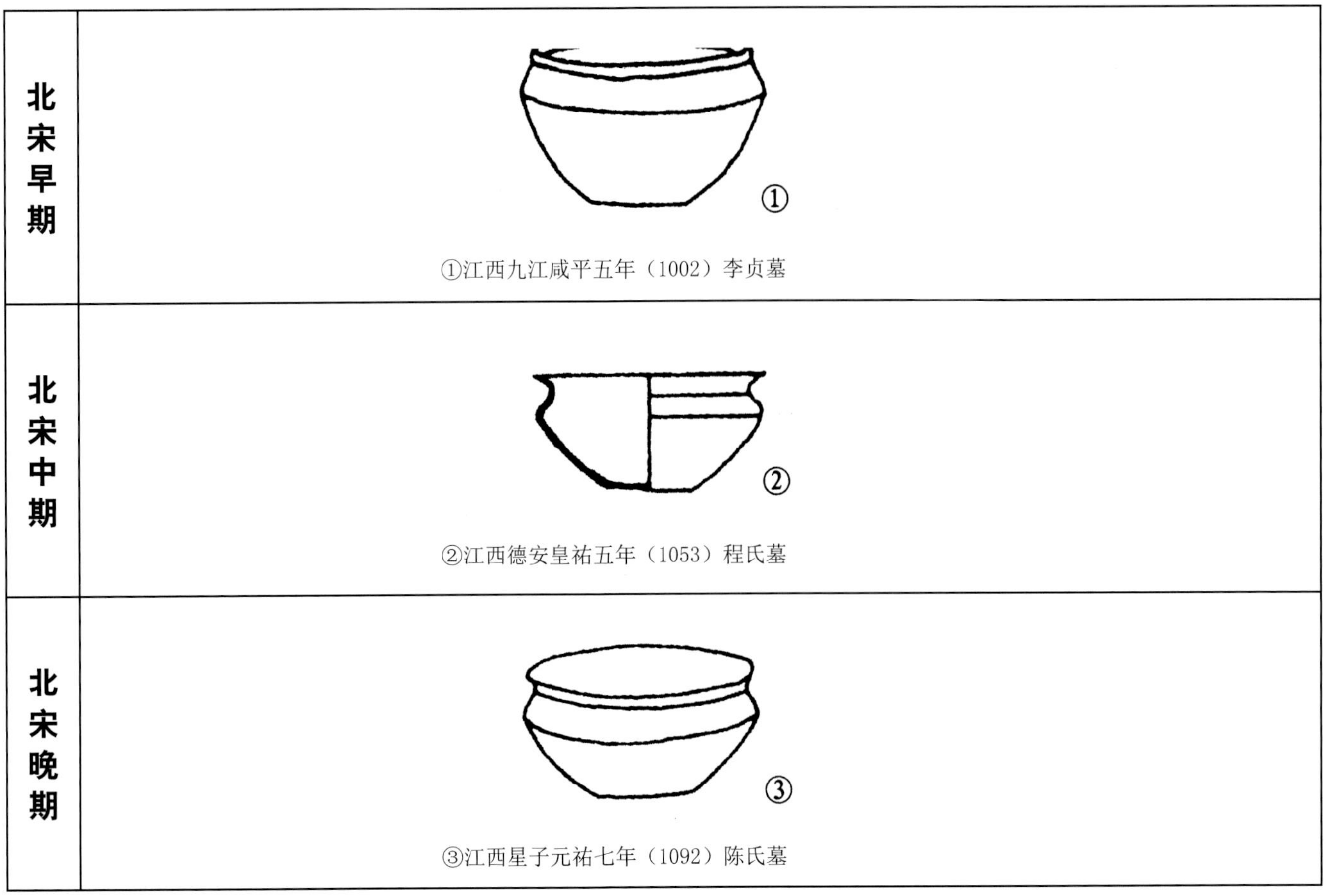

北宋早期	 ①江西九江咸平五年（1002）李贞墓
北宋中期	 ②江西德安皇祐五年（1053）程氏墓
北宋晚期	 ③江西星子元祐七年（1092）陈氏墓

图2.北宋时期青白釉折肩钵演变图

单，多在碗内壁刻云气和篦点纹，有的在碗外壁单纯压菊条瓣纹（图1—②）。北宋中晚期，青白瓷碗大量出现，主要盛行的是一种碗足很高、腹深、足底特别厚、圈足呈外"八"字、圈足内底有一酱褐色垫烧痕的所谓高足碗（图1—④、⑤）。有的高足碗还带盖。内外纹饰逐渐繁密，有莲荷、缠枝菊、牡丹、鸾凤、游禽、卷草、水波和云气纹等。从11世纪后期起开始出现敞口斜壁式斗笠碗（图1—⑦、⑧）和芒口深弧壁碗（图1—⑥），"斗笠碗"因足小、壁斜、倒置似斗笠而得名，当时人把这种碗叫做"擎"，是用来饮茶的（后面将有叙述）。它虽有大小的不同，但都器

壁薄，圈足小，造型显得斜高而挺拔秀丽。深弧壁芒口碗系采用一种多级垫钵式复烧窑具烧造而成，故碗底薄，矮圈足，口沿部位稍厚，即所谓"倒桩式"。南宋早、中期则以斗笠碗（图1—⑪）、花口矮圈足碗（图1—⑩）和深弧壁芒口碗（图1—⑨）为主，由于支圈覆烧法的最新采用，碗的高度普遍降低，底部由于不再持重而变薄，内心普遍采用印花装饰。南宋晚期除以芒口平底足斗笠碗（图1—⑭、⑮）占多数外，尚流行芒口印花斜壁式碗（图1—⑫）和花口斜壁矮圈足碗（图1—⑬）。碗内壁多印阳纹图案，纹饰繁缛丰富，唯小碗多素面无纹。元代中后期的碗类多敞口或侈口深

腹，平底无釉（图1—⑯、⑰、⑱）。

钵　瓷器中的钵，唐及五代时期都大量烧造，总的体型显得丰满，口底大小几近相同，且有从高型钵向低型钵演变的趋势。北宋早期景德镇烧造的青白瓷钵，圆唇，敛口，折肩，肩腹以下弧收至平底，底足多有三支钉痕（图2—①）；北宋中期的钵为尖唇，侈口，束颈，折肩，肩以下斜直内收成平底（图2—②）；北宋晚期的钵则为尖唇，侈口，斜溜肩，平底（图2—③）。显然，其演变规律是从敛口→侈口，从折肩→斜溜肩。南宋以后，这种钵类基本不见。

渣斗　此类器是从六朝时期的青瓷唾壶演变而来，但唐宋时期又非

作唾壶之用，而是当时人宴席间盛装骨渣、鱼刺的卫生盛用器。元人笔记中有"宋季大族设席，几案间必用筋瓶、渣斗"的记载。北宋早期渣斗为侈口，盘口较深，束颈，折肩，深腹，有的盘沿上刻有花纹（图3—①）；北宋晚期的渣斗为宽沿大敞口，盘口变浅，束颈，圆肩，圆鼓腹（图3—②）；南宋至元时为侈口，盘口更浅，直颈，浅削腹（图3—③），故各时期的变化较为鲜明。

(2) 酒、茶器

青白瓷的酒器有注碗、梅瓶、碗盏、台盏、盘盏、高足杯等，茶器较多的有小壶、小罐和托盏（上配斗笠碗等）。当然，有的如执壶、带把杯、小盏等既是茶器，又可能兼作酒器，茶、酒器不分，这也是常理中事。

注碗　始见于五代，宋代广为流行。它是由温碗和注壶组合而成的一种套器，有的称注壶、温酒壶或注子，有的还称注碗、注壶，实际综合的名称应以宋人当时的称呼"注碗"为准。它是宋代最有代表性的也是较考究的酒器[1]。宋·孟元老《东京梦华录》卷4会仙条载："凡酒店中不问何人，止两人对坐饮酒，亦须用注碗

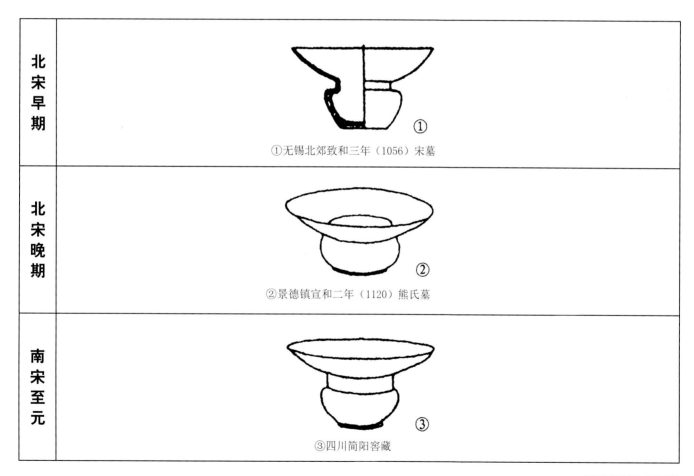

北宋早期	① ①无锡北郊致和三年（1056）宋墓
北宋晚期	② ②景德镇宣和二年（1120）熊氏墓
南宋至元	③ ③四川简阳窖藏

图3.两宋时期渣斗演变图

---

[1]　陈定荣：《影青瓷说》，紫禁城出版社，1992年版。

一副，盘盏两副，果菜碟各五，水果碗三五只，即银近百两矣。"注壶中盛满美酒佳酿后，置入温碗中，再在温碗中灌入热水，既可加温，又可保温，随酌随饮，其乐无穷。

北宋早期的注壶多承续越窑风格，短直颈，丰肩，近圆球腹或瓜棱腹，宽矮圈足，曲流带把，器口呈直筒状，筒形套盖，纽多作蘑菇状捉手；温碗则多作平口或花口，腹深，矮圈足，且多素面，偶有莲瓣纹装饰（图4—①），有的注壶从颈到足均作八棱式，温碗作八瓣莲苞状，上下内外呼应协调（图4—②）。北宋中期的温碗体型总的变长，秀丽，注壶的肩斜平且宽，肩腹交接处有折角，腹身较长，开始出现装饰，肩部刻花，筒形套盖纽多作蹲狮纽，温碗壁近直，或作多瓣瓜棱形，上刻花卉，或整体成莲瓣形，圈足开始变高（图4—③、④）。北宋晚期注碗日趋复杂，注壶通体多呈瓜棱形，折肩，圈足普遍较高。温碗则多呈花口和高圈足的莲花瓣形，壶身、碗体乃至套盖、颈部和流嘴基部均贴、刻花卉，顶部配以蹲狮纽或狗形纽盖，整器集刻花、划花、贴花、捏塑于一体（图4—⑤、

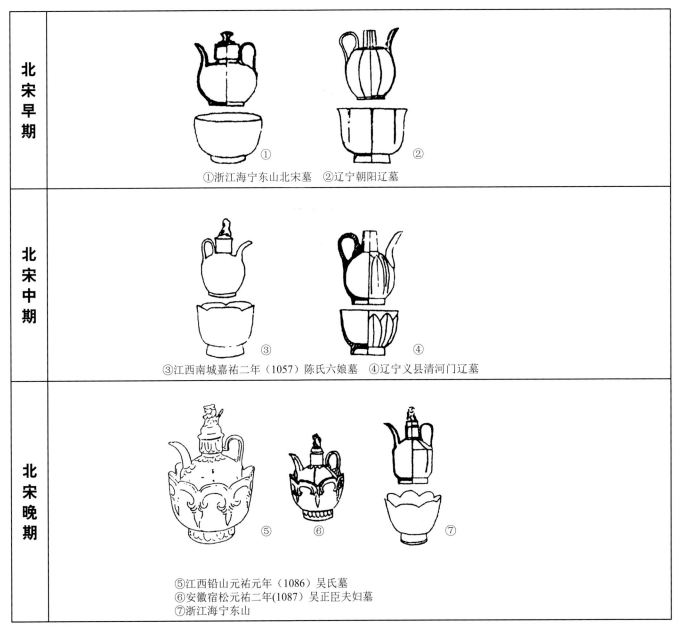

①浙江海宁东山北宋墓　②辽宁朝阳辽墓

③江西南城嘉祐二年（1057）陈氏六娘墓　④辽宁义县清河门辽墓

⑤江西铅山元祐元年（1086）吴氏墓
⑥安徽宿松元祐二年(1087)吴正臣夫妇墓
⑦浙江海宁东山

图4.北宋时期注碗演变图

北宋早期	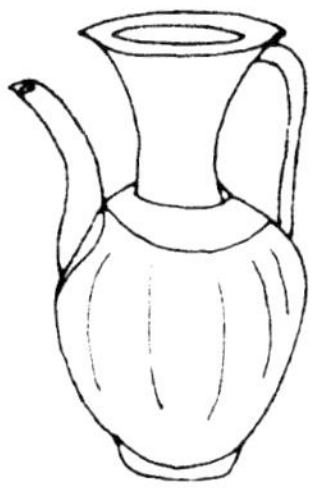 ① ①景德镇市郊宋墓
北宋中期	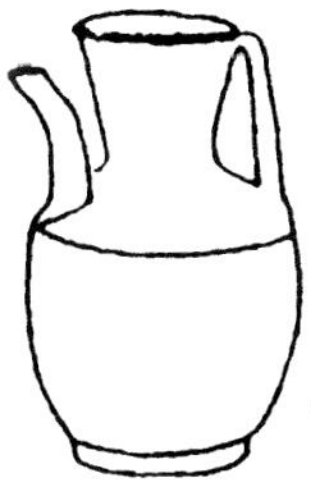 ②  ③ 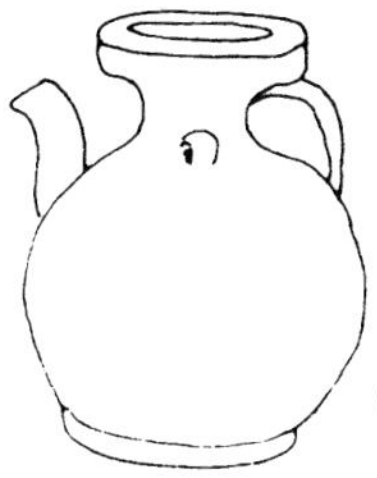 ④ ②江西德安景祐四年（1037）蔡清墓　③景德镇治平二年（1065）舒氏墓　④景德镇市郊宋墓
北宋晚期	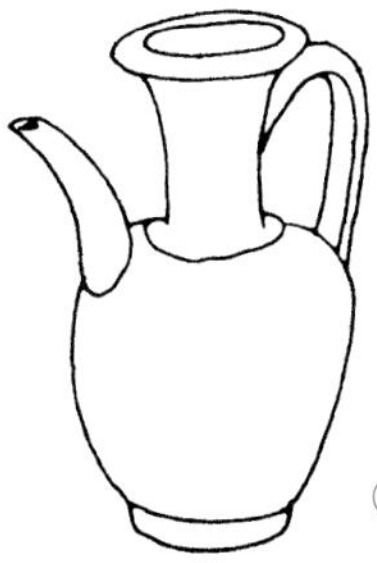 ⑤ 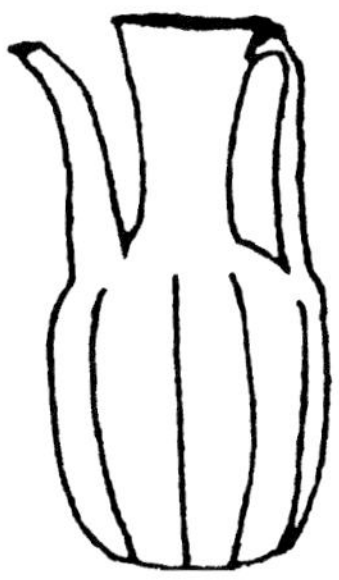 ⑥ ⑤景德镇市郊宋墓 ⑥山东淄博博物馆
南宋早、中期	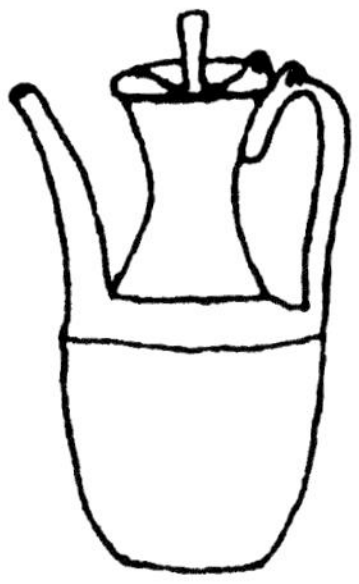 ⑦ 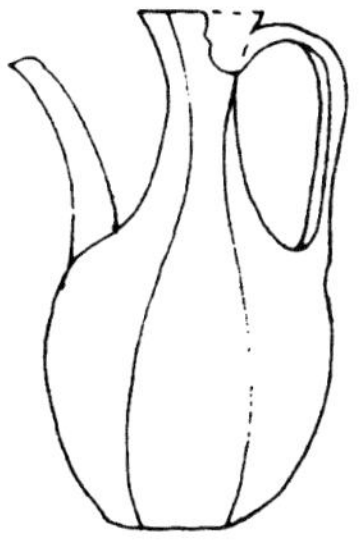 ⑧ 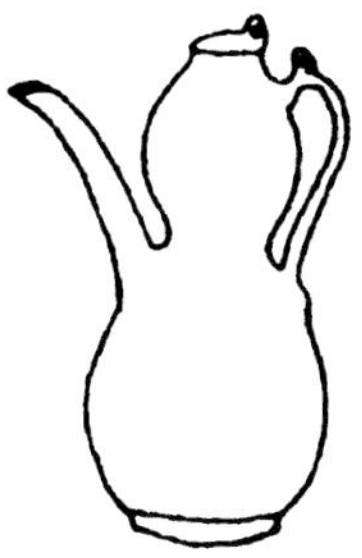 ⑨ ⑦景德镇乾道九年（1173）汪澈墓　⑧景德镇市郊宋墓　⑨江西乐安嘉泰四年（1204）洪觉顺墓
南宋晚期	 ⑩  ⑪ ⑩内蒙赤峰窖藏 ⑪元铁可父子墓

图5.两宋时期执壶演变简图

⑥、⑦）。值得注意的是，这种曲折多姿、造型优美的配套酒器至南宋时期，江西地区基本不见。

壶 是宋元生活中最常用的酒器，它的造型有大有小，小者仅供一个人独斟独饮，例如1978年辽宁法库辽墓出土一件青白釉带盖印花把壶，通高仅10.4厘米，腹径也仅12厘米，其胎质洁白细腻，釉色明澈温润，显系景德镇窑之产品。宋冯可宾《芥茶笺》载："壶以小为贵，每一客，壶一把，自斟自饮方得为趣。壶小则香不涣散，味不躲阁。"这种小壶在景德镇湖田窑常有出土，应该就是冯氏所言的那种可贵的小壶。

壶的造型多种多样，有瓜棱壶、提梁壶、兽流壶、葫芦式壶、扁腹壶等，但较普遍的特点是体型较大，都带执柄，故一般通称执壶。瓜棱壶，多仿金、银器而制作，流行于两宋时期，弯曲的细长流与对称的扁平曲柄，秀丽挺拔，美感动人。北宋早期的执壶多承五代型制，以喇叭口式壶烧造量最大，口或为盘口或盂口，颈较细，流短，且弧度较小，流口一般低于或略低于壶口，流与柄的下端多置于壶的肩部，在颈肩的两侧多安设双系，便于穿绳提携（图5—①）。北宋中期的喇叭口长颈圆腹执壶，颈较粗，流较短，折肩，圈足(图5—②)，尚流行一种盂口式壶，特征是盂口，束颈，长腹上鼓下收，颈肩置一对称系，扁平把柄，弯曲短流，有的曲流下基部以泥条饰结带装饰（图5—③、④）。北宋晚期较多见的是一种长颈

壶，不仅颈变细长，体也长圆，且长曲流，长把柄，圆肩，这种壶显然是由早期的喇叭式壶（图5—⑤、⑥）演变而来的。南宋早中期的壶造型较多，但有一种带盖执壶显系由北宋时期那种长颈喇叭口壶演变而来，特征是壶颈更细而长，柄长流也长，多筒形腹微鼓，尤其是开始带盖，盖多作凹下碟状，纽多呈圆柱状、莲子状、梗蒂状，盖沿与柄上部各置对称的管状系，壶身满刻弦纹或印花装饰（图5—⑦）。此外，尚有短颈瓜棱壶和八棱壶（图5—⑧），尤其是新出现一种葫芦形执壶（图5—⑨），小口，细束腰，长曲流，条形柄，带盖，让人一眼看去显得秀气瑰丽，很为人所喜爱。直到南宋后期到元代，这种葫芦形执壶依然流行（图5—⑩）。元代还新出现一种器物如多穆壶（图5—⑪）和僧帽壶。

梅瓶 是宋元时期人们的日常生活用品，它的造型丰富多样，器型多变，有梅瓶、玉壶春瓶、兽环瓶、觚形瓶、瓜棱瓶、球腹瓶、葫芦瓶、橄榄瓶、贯耳瓶、双耳挂环瓶、六管瓶、堆塑长颈瓶和净瓶（军持）等。除梅瓶等作为酒器外，其他的瓶类多为日常生活用器，少数也曾作陈置摆设之用。这里拟重点对梅瓶作一介绍。

梅瓶是唐以后古代南北瓷苑中常见的一种器皿，特征是小口，短颈，腹修长，近底处微外撇，全器呈修长优美的S形曲线，故千百年来一直为人们所喜爱。对这种造型的称呼，历来并不统一，宋代就曾称之

为"经瓶"，北宋赵令畤《侯鲭录》载："陶人之为器，有酒经焉。晋安人盛酒似瓦壶之制，小颈，环口，修腹，受一斗，可以盛酒。凡馈人牲，兼云以酒器，书云就一经或五经焉。他境人有游于是邦，不达其义，闻五经至，束带迎于门，乃知是酒五瓶为五经焉。"到了元明时期，从当时的一些诗文来看，又多称之为"酒樽"或直称"酒瓶"。至于"梅瓶"的称谓，最早见于清末寂园叟所著《陶雅》一书，其得名当因"口径之小仅与梅之瘦骨相称，故名梅瓶也"（民国许之衡《饮流斋说瓷》）。宋时的梅瓶当为酒器无疑，上海博物馆收藏有两件金代白地黑花梅瓶，其腹部就分别题书有"清沽美酒"和"醉乡酒海"的词句，说明梅瓶的最早用途确是一种储酒的用器。只是，宋时南北方梅瓶的造型不尽相同。北方梅瓶的形体显得特别修长秀丽，一般多在50厘米左右，瓶口多作蘑菇或斜梯形，正由于腹特长底部又小，故不便放于桌上，只能放在桌下，一般多置于开有圆孔的低矮木几上，只有把梅瓶置于木几的圆孔中，重心才得下移。大体到北宋晚期，北方地区才出现长腹和短腹两种梅瓶的造型，而从现有出土资料来看，南方地区只盛行一种短腹的梅瓶，一般多在20～30厘米左右，容积也小，可置放于桌上。

北宋早期景德镇湖田窑青白瓷的梅瓶，小口，短颈内敛，溜肩，椭圆腹，呈橄榄状，小平底。景德镇市郊宋墓出土的一件，内外施青白釉，

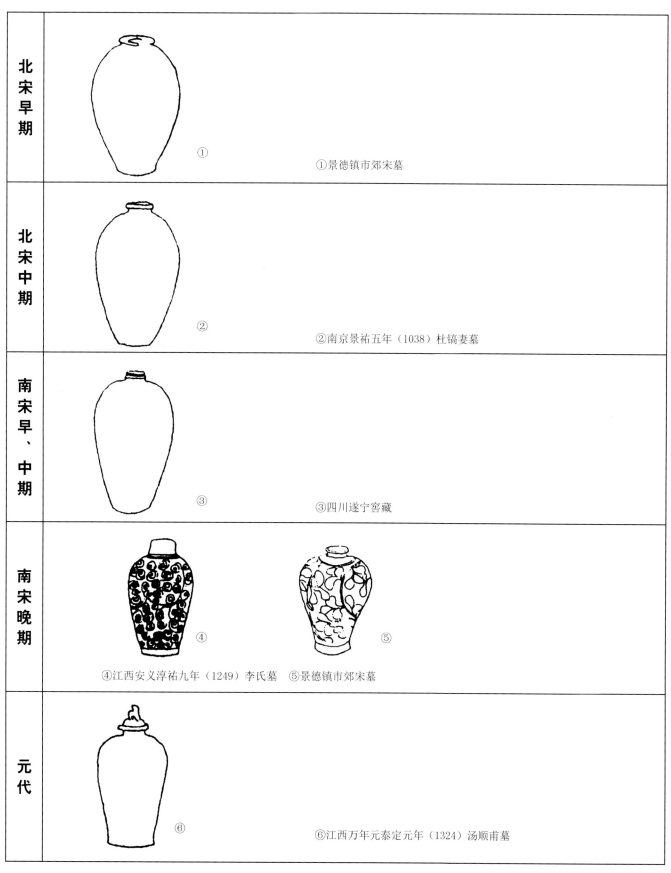

北宋早期	①景德镇市郊宋墓
北宋中期	②南京景祐五年（1038）杜镐妻墓
南宋早、中期	③四川遂宁窖藏
南宋晚期	④江西安义淳祐九年（1249）李氏墓　⑤景德镇市郊宋墓
元代	⑥江西万年元泰定元年（1324）汤顺甫墓

图6.宋元青白釉梅瓶演变简图

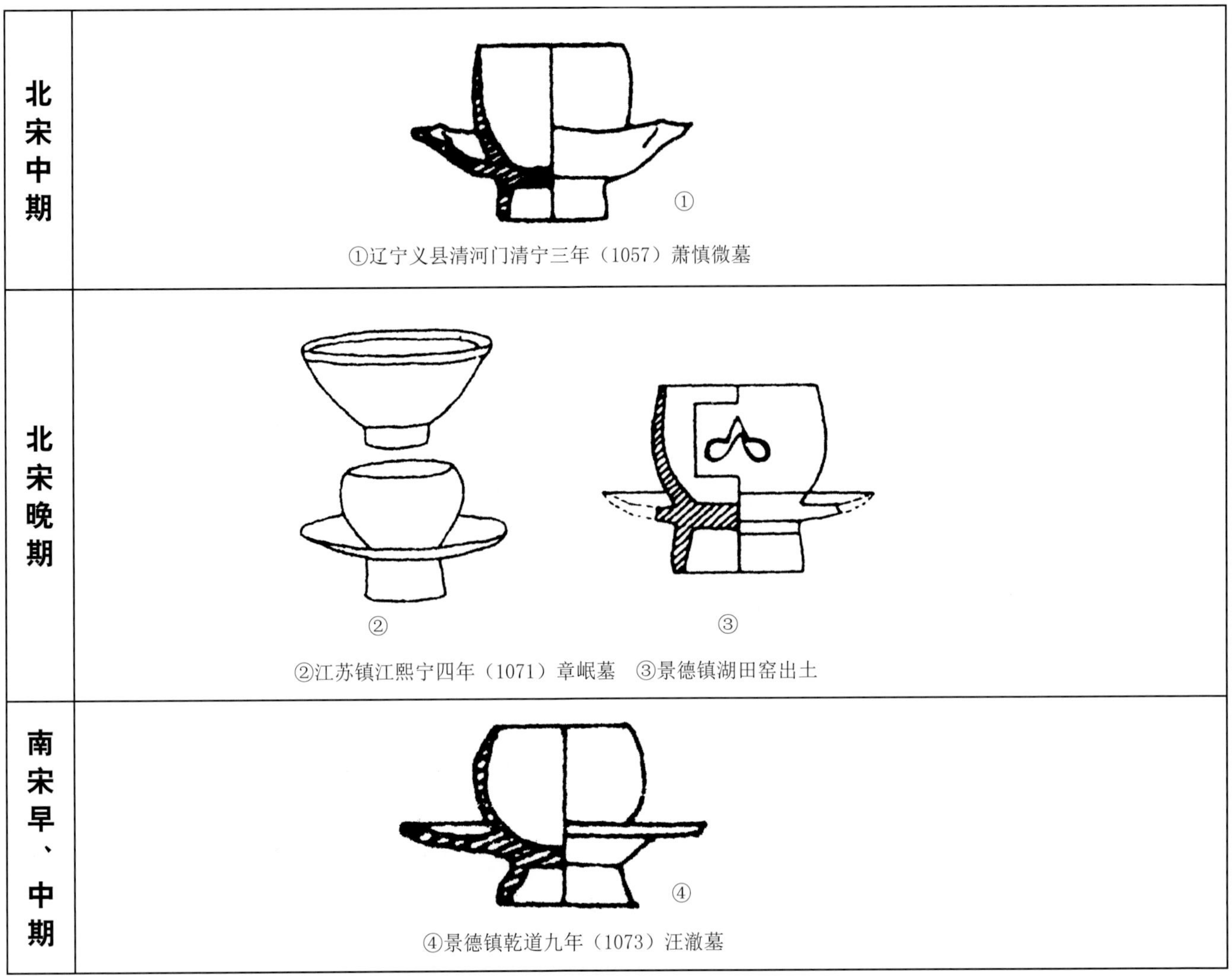

北宋中期	①辽宁义县清河门清宁三年（1057）萧慎微墓
北宋晚期	②江苏镇江熙宁四年（1071）章岷墓　③景德镇湖田窑出土
南宋早、中期	④景德镇乾道九年（1073）汪澈墓

图7.两宋时期盏托演变简图

但釉色微泛黄，足底有三支钉痕（图6—①）。北宋中期偏早时的梅瓶，尚承袭早期橄榄状的风格，溜肩，最大径在腹中上部，平底。如南京江宁宋景祐五年（1038）杜镐妻钟氏墓[2]出土的印花梅瓶（图6—②），口沿至腹底满饰缠枝卷草纹。南宋早中期的青白瓷梅瓶，特点是小口，溜肩，最大径上移至肩部，底径渐趋变小（图

6—③）。南宋晚期的青白瓷梅瓶，主要的一种仍然保持着溜肩、长腹往下渐收的特点，只是短颈平口上配有覆杯形盖，如江西安义南宋淳祐九年（1249）墓[3]出土的缠枝卷叶纹梅瓶（图6—④）；另一种则肩更丰，下腹更修削，底足微外撇，如景德镇市郊宋墓出土的一件，器壁剔刻缠枝花卉，剔地以篦纹为饰（图6—⑤）。元

代的青白瓷梅瓶多小平口，短颈上细下粗，肩部浑圆，显得饱满雄伟，最大径在肩部，下腹修削，出现矮圈足稍外撇，有的下置有带镂空的花墩式瓷座，有的带有宝珠纽，或内心置圆管榫的杯形和狮纽形盖，如江西万年县元泰定元年（1324）汤顺甫墓[4]出土的一对龙纹狮纽盖瓶（图6—⑥）。

盏托　宋时广为流行的茶酒器有

[2] 金琦：《南京市郊区龙潭宋墓》，《考古》，1963年第6期。

[3] 刘品三：《安义县发现一座宋墓》，《文物工作资料》，1977年第6期。

[4] 唐昌朴：《介绍江西出土的几件瓷器》，《文物》，1977年第4期。

盏托、台盏与盘盏等，但在当今的陶瓷著作中名称较为混乱，实际它们之间在造型和功能上是有一定区别的[5]。

盏托是指带托子的盏，有的称托盏，即指用来置盏的托子，或称茶托子，名称不同，只是各有所指而已，反正这种器皿是由托盘和托杯两部分组成，是古代较考究的茶具。这种茶具传为唐蜀相崔宁女发明，据《唐语林》记载："茶托子始建中蜀相崔宁之女，以茶杯无衬，病其熨手，取碟子承之。既啜，杯倾，乃以蜡环碟中央，其杯遂定，即命工以漆环代蜡。宁善之，为制名，遂行于世。其后传者，更环其底，以为百状焉。"实际上这种托盏的造型，远在晋、南朝时

期就已使用，所不同的是青瓷托盏，说明我国饮茶历史之悠久。

北宋中期的托盏之托，多作盘和托杯连体式，盘沿多呈花口状，圈足低矮，盘中心内凹置杯形托台，托杯为直口，腹近直，在此托杯之上再置盏，故适用于承托足径大小不一的盏碗。从制作工艺上考察，托盘与托杯分制，托杯制好去底，与盘黏接，借盘作底，故成连体式（图7—①）。北宋晚期的盏托，托盘较浅，有花口或平口的不同，其圈足日渐变高，且略向外撇，盘中心也微内凹，托杯有敛口或直口，腹由高直腹向矮圆腹演变，有的杯腹还镂有多个心状孔，上再置盏（图7—②、③）。南宋早中

期的盏托，托盘圈足又趋于变矮，但盘内几近平直，中置托杯为矮圆球腹，且底与足连通，其上再承托碗或盏，但更多是承托这一时期广为烧造的芒口平底斗笠碗，或称"擎"（图7—④），宋代斗茶之风盛行，且流行喝末茶，而用斗笠碗喝末茶，为的是取其易干而不致于在内壁上残留着渣末，故这一器型能风靡整个宋代。山西大同咸淳二年（1266）冯道真墓[6]壁画中人物手持的盏托及桌上分置的托与盏即与此相同（图8），人物手持的盏托上承托的就是典型的斗笠碗。元代以后，这种托盏特别是斗笠盏明显减少，表明元代社会的饮茶风尚与宋代不尽相同。王祯《农书》载及元代

图8.冯道真墓壁画（桌上分置有斗笠碗和台盏，一盖罐腹部有"茶末"两字

[5] 孙机：《唐宋时代的茶具和酒器》，《中国历史博物馆馆刊》，1982年总第4期。

[6] 解廷琦：《山西省大同市元代冯道真、王青墓清理简报》，《文物》，1962年第10期。该墓为元世祖至元三年（1266），也即南宋咸淳二年。

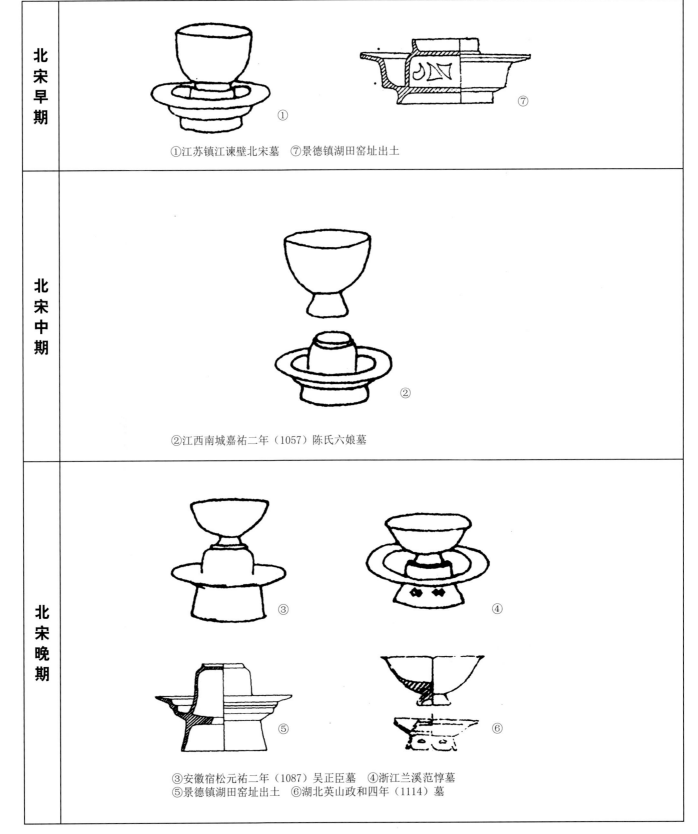

北宋早期	①江苏镇江谏壁北宋墓　⑦景德镇湖田窑址出土
北宋中期	②江西南城嘉祐二年（1057）陈氏六娘墓
北宋晚期	③安徽宿松元祐二年（1087）吴正臣墓　④浙江兰溪范惇墓 ⑤景德镇湖田窑址出土　⑥湖北英山政和四年（1114）墓

图9.北宋台盏演变简图

早期的茶叶品类谓："茶之用有三，曰茗茶，曰末茶，曰蜡茶。凡茗煎者择嫩芽，先以汤泡去熏气，以汤煎饮之。今南方多效此。然末茶尤妙，先焙茶令燥，入磨细碾以供点试。"可见元时的南方已仿效北方广为盛行喝茗茶，末茶则是为少数斗试家而焙制，故产量必定大为减少。所以，斗笠盏碗的盛衰，也可从一个侧面反映出宋元社会的饮茶习尚及茶叶加工方式和社会风行的茶叶品类的变异。

台盏 是指托盘中烧接有高低不一的台子，其上再承置杯盏，是宋元时酒器的专名，故盘中的台子又称酒台或托台，故台盏系由托盘和托台两部分构成，托台呈一倒置杯状，与盏托的区别在于台盏的托台是封闭式的，而盏托的托杯是敞口、敛口或直口，甚至口和底是相通的。两者粗看型制相类，实则结构有别，故名称也不同也。台盏最早见于著录的是在南宋程大昌的《演繁露》一书："台盏始于盏托，托始于唐，前世无有也。"北宋早期的台盏，托盘似浅平底碟，圈足较低矮，托台中心为圆环状，上再置放盏碗，盏碗的底足正好套合圆环状台子（图9—①），有的托盘呈六棱花瓣形，在景德镇柳家湾窑址宋初地层堆积中有大量发现；有的台子为直壁，壁上饰勾连镂孔（图9—⑦）。北宋中期的台盏，托盘浅腹似盘，圈足渐高且外撇，口沿平展，托台比前期明显增高，呈一倒置的杯形柱，台面周沿有一道凸起的圆圈，以便承稳其盏碗，盏碗敞口小圈足（图9—②）。北宋晚期的台盏，主要表现在托台变化增多，常见的仍是那种高覆杯形托台，即中心台柱高于盘面，托盘浅腹，盘内壁多呈两层台阶状，唯圈足更高且外撇（图9—③、⑤）。河南禹县白沙北宋元符二年（1099）墓[7]前室西壁壁画上的夫妇宴饮图，居中的方桌上就摆有注碗和两个台盏，墓主夫妻袖手分坐于桌旁，两边三位侍女和一位男侍分别手捧唾壶、果盘，桌下还绘有一梅瓶，置于束腰方座上（图10）；另有一种就是从中期的低台柱式演变而来，即中心台柱低

图10.河南禹县白沙北宋元符二年（1099年）墓西壁壁画上夫妇宴饮图

[7]　宿白：《白沙宋墓》，文物出版社，1957年版。

图11.北宋盘盏

图12.元代高足杯

于盘口沿,仅微凸出于托盘中心,有的托盘为折腹或弧腹,托盘圈足依然作矮喇叭状,但有的呈多瓣花形,上有棱形或心形镂空(图9—④、⑥)。

盘盏 是指直接在盘中置盏碗,盘中心没有设台柱,它和台盏性质一样,亦是一种酒器,只是数量较少,从现已发现的资料来看,主要在北宋中晚期使用。江苏镇江北宋熙宁四年(1071)章岷墓[8]出土一件盘盏,托为浅盘宽沿,沿边外翻,高圈足外撇,圈足内底有垫烧痕,盘中置一小盏,盏为直口,腹微外鼓,至下部内收成小平底,特别引人注目的是口部包镶6毫米宽的金边(图11),显然这小盏

非一般的所谓托盏,而是直接用来饮酒的。

高足杯 又称马上杯或靶杯。开始盛行于元代,明、清时代沿用之。上为碗形,下为细喇叭形高足,有的作竹节状。元代蒙古族是个以饮马奶和饮酒为时兴的游牧民族。《柏朗嘉宾蒙古行记》记13世纪蒙古族人的饮食说:"他们每人每天清晨喝一两碗(粥),白天却什么也不吃,晚上再每个人分食一点肉,喝些肉汤,但在夏季,由于他们拥有充足的马奶,所以很少吃肉。""在他们之中,酗酒则很时兴和受崇,当他们其中之一人暴饮酗酒之后,当场就呕吐,但并不

因此而弃杯止饮。"而他们用来作饮器的就是高足杯。其质有金、银、铜和陶瓷器等多种,但无疑是以陶瓷器的最为普遍,当时全国各地窑场都广为烧造。

从发掘资料看,景德镇窑特别是湖田窑生产的高足杯不仅数量多,而且其釉色除青白瓷外,尚有卵白釉、黑釉、褐釉和青花瓷等。青白瓷高足杯,其装饰或刻或印,或饰缀珠,或堆塑动物,图纹多样,制作精巧。湖田窑址曾出土一件喇叭状高足杯,中间有一周凸棱,底足与身胎接,足沿旋削规整。器内壁偏下饰一周弦纹,上饰

[8] 镇江市博物馆:《镇江市南郊北宋章岷墓》,《文物》,1977年第3期。

朵花，再上模印"金玉满堂，长命富贵"8个楷体字，字与字之间用3道竖线相隔。白胎，内外满施青白釉，底足露胎，釉开细冰裂纹。（图12）

（3）其他日用器

湖田窑属于这类的青白瓷器皿极为丰富，数量也多，诸如作为日用器的有洗、盒子、灯、瓶、枕、盖罐、炉、匜、净瓶（军持）和鸟食罐以及象棋、围棋等等。作为卫生用器的有唾盂、熏炉、香炉等，作为文房用具的有砚滴、砚台和水盂等。

盒 或称盒子，始见于隋，盛于唐宋，元明继之，都有烧制。它由器身和器盖组成，盖多微鼓。宋代青白瓷盒的造型多种多样，主要为圆形，还有瓜形、石榴形、酥梨形、花瓣形（以菊花形、莲瓣形为多）、瓜果形、方形、长方形、六角形、八角形、竹节形、六瓣形、八瓣形、十二

瓣形、十八瓣形、馒头形和鸟形等。按功能用途可分香盒（盛香料）、粉盒（盛敷脸用的粉）、黛盒（盛画眉用的黛）、朱盒（盛抹唇用的朱红）、油盒(盛化妆油)、药盒、印盒、砚盒、镜盒和盛梳妆用具的奁盒等。此外还有两个或三个小盒相联而成的联子盒以及大小相套的子母盒，子母盒即大盒之中套3个或不等的小盒，平时将粉、黛和朱分别放在3个小盒内，使用起来非常方便。盒盖上多有花纹装饰，或刻花，或划花，或印花，间有点彩等装饰，反映其多姿多彩、华美高雅，符合时人的审美情趣。这些盒的盖与底的边沿上往往都有一个剔釉露胎的记号，如把记号对齐，底和盖便可紧密扣合。

这种青白瓷盒，景德镇窑宋初即已生产，以湖田和柳家湾窑出土最多，而且早期就开始有精美之作，如江西德安宋景祐五年（1038）墓出土

的青白釉堆塑人物盒[9]，盒呈扁圆形，子母口，矮圈足。盖面有弦纹两道，满饰卷草纹；盒内堆塑盛开和含苞待放的荷花五朵，盛开的两朵荷花如小碗，旁坐一双髻少女和塑一小罐，显然是妇女用来盛化妆品的粉盒。此盒造型构思巧妙，别具匠心，是件既有实用价值，又具有观赏价值的艺术品。北宋晚期特别是南宋时期，这种瓷盒的烧造量锐增，在湖田窑出现了专门生产盒子的作坊，江西鄱阳北宋政和元年（1111）龙图待制熊本妻咸宁郡夫人施氏墓出土的青白釉印花盒[10]，盒为六瓣花形，盖面印珍珠地花卉纹，盒底竖印"汪家记正"楷书阳纹款识（图13），显为制盒作坊之名号。据湖田窑址历年发掘和现有国内外发现的属景德镇的青白瓷盒，在瓷盒底印戳有作坊商标的还有"吴家盒子记""段家盒子记""程家盒子记""陈家盒子记""张家盒子

图13.北宋青白釉印花盒及底部戳印"汪家记正"款

[9] 范凤妹等：《江西宋代纪年墓出土的青白瓷》，《江西历史文物》，1983年第1期。

[10] 余家栋：《江西波阳宋墓》，《考古》，1977年第4期。

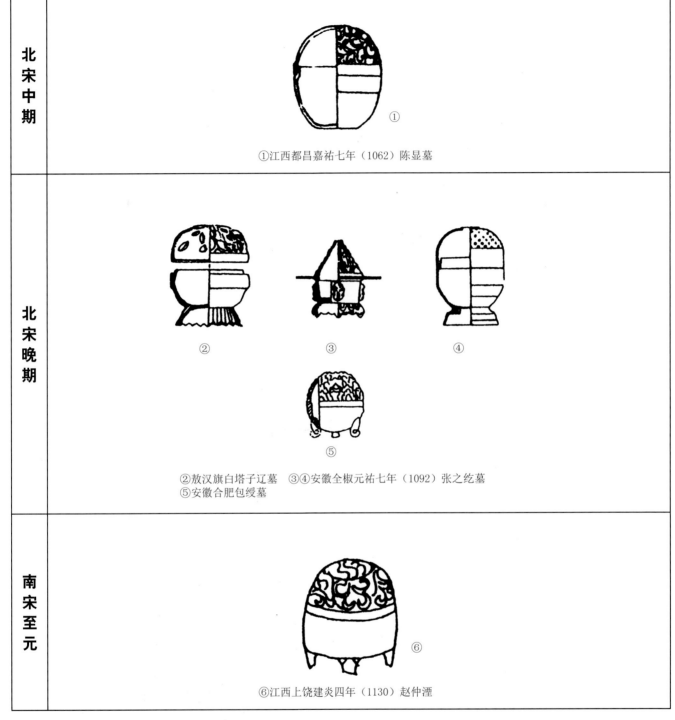

北宋中期	①江西都昌嘉祐七年（1062）陈显墓
北宋晚期	②敖汉旗白塔子辽墓　③④安徽全椒元祐七年（1092）张之纪墓 ⑤安徽合肥包绶墓
南宋至元	⑥江西上饶建炎四年（1130）赵仲湮

图14.香薰演变简图

记""许家盒子记""蔡家盒子记"等10余家，有的在底部仅戳印姓氏的还有"段""陈""蔡""许""余""张""蓝""朱""徐""程""潘""米""汪"以及"吴一"等，可见

当时制盒业的发达，社会上对瓷盒需求量之大，也从一侧面看出当时商品竞争的激烈程度。

进入南宋以后，由于海外贸易的发达，香料的大量进口，促进了青白

瓷盒烧造数量的大增，但此时的青白釉瓷盒不如北宋时期那样复杂多样，造型趋于单纯，器型普遍趋小，高度也变低变扁。器形多见单盒，以扁圆形为主，尚有一些鼓形、多边形和花

瓣形。装饰均为印纹，多为菊瓣、莲荷、牡丹和条纹，有的外表均素面无装饰。

必须指出的是，宋代全国各地窑场几乎都烧制这类不同瓷质的用具，以烧造青白瓷盒为例，除以湖田窑为代表的景德镇窑和江西境内的南丰窑、吉州窑、七里镇窑等处烧制外，外省区的一些宋代窑场也广为生产，如福建德化窑的生产量就很大，仅盒盖的印花纹饰就达100种以上，也有制作盒子的私家作坊，只是不见戳印有作坊标志。

香熏 有的称熏炉，为古代熏香的卫生用具。瓷质香熏在三国时期的越窑和洪州窑就有烧造，晋、南朝以降更为流行。宋元时期香熏造型多样，总的造型特点是设计新颖、玲珑精巧，熏上有盖，多作半球形，上镂雕出花纹，炉内燃香，香烟袅袅不仅可从器盖或器身上的镂孔飘出，有的还可从装饰在器物上的禽兽口中冒出，飘香四溢，给人以清新舒畅之美感。

北宋中期景德镇湖田窑烧造青白瓷香熏，盖与器以子母口相合，盖多作半球形，上镂空雕透成香草纹，器身平底，全器小巧精致（图14—①）。北宋中晚期的香熏，由于海外香料的大量输入，使用香熏之风更是盛行，此时的香熏造型更趋丰富，雕镂更趋精致，盖有作半球状的（图14—②），也有做成博山形的（图

14—③），炉底由前期的平底演变为花瓣式高圈足、喇叭形圈足（图14—④）、三矮蹄足（图14—⑤）以及塔式圈足等。南宋至元时的香熏多沿袭北宋的型制，但总体趋于简化。江西上饶建炎四年（1130）墓出土的青白釉香熏[11]，子口、直壁、平底，下设三个"丁"字形足，半球形盖上镂空缠枝牡丹纹，炉壁饰一圈重瓣莲纹（图14—⑥）。

香炉 它同香熏一样，也是人们用来焚香的卫生用器之一，但造型特征和香熏不尽相同。香炉总的体型比香熏要大，为大口、深腹、平底、圈足或三足，尤其多不带盖，炉中焚香，香烟直接从大口中飘出，从而达到消毒洁衣、辟邪去味的目的。只有少数带蹲狮纽盖、布袋和尚纽盖。凡带纽盖者，烟雾通过狮身而从狮口或其他作纽盖的禽兽口中喷出。设计新颖，造型生动，是实用器，又是弥足珍贵的艺术品。

香炉始见于北宋中期，其总的造型主要为平折沿、直口或敛口，腹壁直或圆鼓，矮圈足，或下承饼足或塔式底座。炉的口沿及腹部集刻划或堆贴有菊花、牡丹、莲荷和三爪龙纹等。常见的有两种：一种炉体作深直腹杯形，宽平折沿，直矮圈足，下以细圆柱承接，圆柱下再接喇叭形高圈足；另一种炉体也作深直腹杯形，宽平折沿，在直矮圈足下承接的

是由一至两道凸棱构成的圆鼓墩形塔式底座，再下为直壁高圈足（图15—③）。北宋晚期的香炉，一种炉体相对变浅，多作圆鼓腹或弧腹壁，底为矮圈足但多外撇呈喇叭形，上饰菊瓣纹或莲瓣纹，再下则承以一个或两个尖扁棱状的塔式底座，有的塔式座上再饰菊瓣纹或莲瓣纹（图15—②），有的则为素面（图15—①）；另一种炉体由中期的深直腹杯形向弧腹壁或圆鼓腹演变，直矮圈足，下承接圆鼓墩形座，再下也为直壁高圈足或带一尖扁棱状的塔式底座（图15—⑤、⑥）。1999年江西省文物考古研究所对景德镇湖田窑进行发掘时，就出土有一件[12]，可惜炉体上部已残，但弧腹壁尚保留一部分，值得注意的是，其腹部系采用刻、划和堆塑的手法塑造较为少见的三爪龙纹（图15—④）。

值得特别注意的是，北宋晚期新出现一种奇特的兽背炉，而且在湖田窑址历年发掘中出土数量较多。它是将各种动物做成底座，上再接承炉体。至今已发现的兽背炉，有龟背炉、鸭背炉、鹭鸶背炉、牛背炉和狗背炉等，形态各异，形象生动，在一些兽背的特殊部位如龟背锦纹荷叶上、鹭鸶的头部、狗的背部及尾部还点饰褐色斑纹，更增添了器物的神韵和美感。

北宋后期，由于士大夫阶层特别是宋徽宗赵佶崇尚道教，崇古尚古，

[11] 范凤妹等：《江西宋代纪年墓出土的青白瓷》，《江西历史文物》，1983年第1期。

[12] 江西省文物考古研究所等：《景德镇湖田窑H区附属主干道发掘简报》，《文物》，2001年第2期。

雅赏古玩，因而社会上一时好古和复古之风盛行，南宋以后，此风犹为炽烈。加以建炎三年（1129），高宗南渡，宋徽宗所仿夏、商、周三代青铜彝器，尽皆散失，朝廷为了满足各种祭奠大礼的需要，除下令继续仿铸和伪作部分青铜彝器外，还要求临安府、余姚县、平江府等地窑场烧造部

分仿青铜器造型的瓷品。在这种尚古之风和急需大礼祭器的影响下，景德镇湖田窑诸窑烧制的青白瓷也出现了不少仿青铜彝器的造型，仅香炉一项，就有鼎式炉（图15—⑩）、鬲式炉（图15—⑧）和象腿炉（图15—⑦）等。此外，尚有桶形炉、八棱形炉、海棠式炉和钵形炉等。元代中后

期，其炉类仍多为仿铜器造型，同样有鼎式炉（图15—⑪）、鬲式炉（图15—⑨）等，只是此时炉体的立耳有的变高，鼎式炉底多为圜底。

以上所述香炉、香熏和香盒，都是和人们日常生活中使用香料有关的卫生用瓷，香炉和香熏都可在房内作焚香之用，香熏特别是香盒

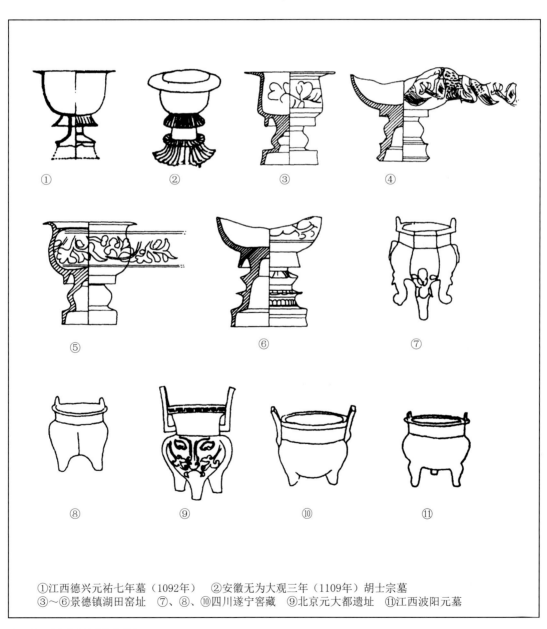

①江西德兴元祐七年墓（1092年） ②安徽无为大观三年（1109年）胡士宗墓
③～⑥景德镇湖田窑址 ⑦、⑧、⑩四川遂宁窖藏 ⑨北京元大都遗址 ⑪江西波阳元墓

图15.宋元时期青白釉香炉造型图

又常是人们随身携带之器。而这些香料都是从海外进口的，特别是南宋以后，随着海外贸易的发展，香料更是大量输入。宋政府为了引进香料，竟每每派官员前往南海诸国采购。据《宋史·食货志》载："宋之经费，茶、盐、矾之外，唯香之为利博，故以官为市焉。"在这些进口香料中，种类较多，细色香就有麝香、沉香、檀香、龙涎香、降真香、苏合香、安息香等二十多种；粗色香则有暂香、速香、香脂、鸡骨香、蒮香等十多种。香料的大量进口，反映宋代社会各界的普遍需求，随之自然也就要求有更多的盛装和焚烧香料的器皿，以往就有铜、金、银、玉、玛瑙、雕漆等质地的香料器，而瓷质的香料盒和香熏、香炉等，既经久耐用又价廉物美，更为人们所喜爱。

瓷枕 枕是人类日常生活中必不可少的最普及的日用品，其起源无疑很久远，其材质种类很多，而作为瓷质类枕，目前似最早见于隋，唐代开始大量生产，历经五代、两宋、辽、金、元各代，其中以两宋及金代为极盛时期，而且南北各地窑场都有烧制，且品种多样，形制纷繁。它是古代人们生活中的夏令寝具，既可清凉沁肤，爽身怡神，又有"明目益睛，至老可读细书"的作用。早年河北巨鹿发掘的一件陶枕（实为半陶半瓷）的枕面上就书写着一首诗："久夏天

难暮，纱橱正午时；忘机堪昼寝，一枕最幽宜。"[13]说明它确实是日常生活中的实用器，而非殉葬品。同时，古人之所以不分富贵贫贱，乃至皇亲贵戚都对瓷枕好而喜之，还有一个重要因素就是各种兽头枕可起到"镇宅"的作用，即可达到辟邪、辟魅、宜男和服妖的目的。《新唐书·五行志》就载有这样的事："韦后妹尝为豹头枕以辟邪，白泽枕以辟魅，伏熊枕以宜男，亦服妖也。"

宋元时期景德镇湖田窑烧造的青白瓷枕，形制多样，造型丰富，雕琢精心，加以胎质细白，釉汁亮丽，光洁淡雅，很为时人所欢迎，以至女词人李清照才会发出"佳节又重阳，玉枕纱厨，半夜凉初透"（《醉花阴》）的赞誉。北宋早期的青白瓷枕，造型多承续晚唐、五代的作风，常见的为元宝形（有的称马鞍形或银锭形）和长方形等，且体积较小，长度仍基本保持在15厘米左右，都是以支钉或泥条平放装烧。湖田窑址出土一件元宝形枕，两端翘起，枕面中间微凹，一侧面有一圆气孔，除底足满施青白釉外，并施褐色斑点。长14.8厘米、宽9.0厘米、高11.2厘米（图16—①）。北宋中期以后，瓷枕的造型日趋丰富，形体变得更大，长度一般为20~30厘米左右，从整体造型看有长方形、元宝形、卧女形、孩儿形、兽头形、建筑雕塑形和戏曲人物形等，

从枕面的形态看，有圆角长方形、委角长方镂空形、腰圆形、扇面形、多角形、如意头形、荷叶形、椭圆形、八角形等，而且多有变化，有的两端翘起呈凹弧面，有的前低后高，上大下小，也有的作前后下卷。元代瓷枕的形体多数偏大，一般长为40厘米左右，雕塑更为精巧，且多建筑雕塑形和戏曲人物形枕。

长方形枕 是宋元青白瓷枕的最基本造型。唐、五代枕的长和宽度大体相近，且多以矩形为主，枕线、面多较挺直，到宋代特别是中期以后，枕体多趋延长，枕线、面多呈弧线圆转，有的长方形枕，前低后高，上大下小，枕面下凹，前面内敛。景德镇湖田窑出土一件较完整的长方形枕，系分块制作黏合而成，枕面边缘由1~3根线条组成边框，框内饰水波纹。白胎，通体施青白釉。高13.2厘米、枕面长19.8厘米、宽13.2厘米（图16—③），枕一侧有一圆形孔，另一侧有5个支钉痕，说明非唐、五代时期那样平放装烧而是竖向入窑烧制。

卧女枕 以江苏镇江出土的一件为例，一少妇身着交领长袍，胸露内衣侧卧于长方形扁平底板上，屈腿，左手弯曲撑托着头部，右手抱着饰有莲瓣纹样的枕面支柱，人物线条柔和，比例匀称，表现出少妇秀长的身材和恬静的神态，是件艺术品位极高而又有实用价值的青

---

[13] 张厚璜等：《钜鹿宋器丛录》第一编，天津博物院印行，1923年版。

①马鞍形褐色点彩枕（湖田窑址出土）　②卧女枕（江苏镇江出土）
③长方形枕（湖田窑址出土）　④双狮戏球枕（湖田窑址出土）　⑤龙虎枕（景德镇市郊出土）
⑥《白蛇传》戏曲人物透雕枕（江西丰城出土）　⑦透雕八仙人物枕（安徽岳西出土）

图16.宋元青白釉枕

白瓷佳作（图16—②）。值得注意的是，景德镇湖田窑址出土有一件卧女枕[14]，胎白釉腻，色青白泛绿釉，虽然仕女的头部、左手及枕面均已残损（图17），但从仕女屈腿侧卧的姿态以及衣着等特征看，其基本形态和镇江出土的青白釉卧女枕是相同的，足见镇江那件无疑应是景德镇湖田窑的产品。南朝鲜新安海底沉船也发现有类似的青白瓷卧女枕。

孩儿枕 有单个童子，也有双童子背向交体的，且多塑造成童子手持荷叶（或灵芝）作枕面的形式。这种孩儿枕，在景德镇湖田窑多有出土。仅1999年江西省文物考古研究所配合基建对其发掘就出土有4个北宋孩儿枕，虽枕面都已残失，但基座都保存完好。孩儿左侧卧于椭圆形扁平中空的底板上，肥头大耳、高绾双髻，双

目紧闭，作沉睡状，嘴微张。屈腿，左手作枕，右手横置胸前握一灵芝，灵芝绕腹至右腿，右腿叠于左腿之上。手戴镯，腹裹肚兜，下穿长裤，脚着软鞋。孩儿眉清目秀，满脸稚气，神态天真可爱（图18）。江苏镇江市博物馆则收藏有一件南宋童子·荷叶枕[15]，设计巧妙，独具匠心。其童子的左侧卧式、衣着服饰和基本神态与上述湖田窑址出土的孩儿枕相近，只是枕座较复杂，作榻形，双手握持荷叶梗茎，荷叶前后向下翻卷作枕面，童子也在悠然酣睡，一派稚气。胎质洁白，釉色青白，光润明亮。

兽头枕 也可总的称为动物类枕，此类枕较多，有龙虎枕、立狮座形枕、双狮戏球枕、蟠龙枕、伏虎枕和龟形枕等。湖田窑址出土一件北宋双狮戏球枕，整体由三部分组成：

上部枕面作如意形，中心内凹，枕面边缘环以两周弦纹，弦纹内满饰水波纹；中部塑双狮戏球；下部为椭圆形扁平中空底板。底有6个支钉痕。白胎，满施青白釉。底板长14.5厘米、宽11.5厘米、高12.5厘米（图16—④）。早年景德镇陶瓷考古研究所还收集到一件龙虎枕，中部枕体的主题雕塑作龙虎扭斗状，兽首相背，曲体交缠，龙飞翻滚，虎卧拼搏，斗姿酣畅，生动精彩。上承如意形枕面，刻饰云气纹；下为椭圆形平板基座。全器采用堆塑、刻划和戳印等手法，雕技高超灵巧，胎白釉腻，工艺精湛。枕面宽7.5厘米、高13.4厘米（图16—⑤）。

建筑形枕 目前所能见到的有山西大同出土的透雕"广汉宫"神仙故事枕、安徽岳西出土的透雕八仙人物枕和江西丰城发现的《白蛇传》戏曲

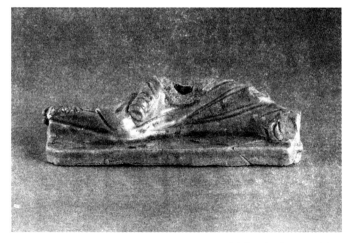

图17.卧女枕（残，湖田窑址出土）

图18.孩儿枕（残，湖田窑址出土）

[14] 江西省文物考古研究所等：《景德镇湖田窑H区附属主干道发掘简报》，《文物》，2001年第2期。
[15] 国家文物局：《中国文物精华大全辞典》（陶瓷卷），香港商务印书馆、上海辞书出版社联合出版，1993年版。

人物枕（图16—⑥）等。岳西出土的八仙人物枕[16]，枕面前低后高，作如意状，上单线刻划卍字锦纹，基座为八边形平底。枕身前后各塑造仿木建筑享堂和佛殿三间，除前面中堂塑有主人（坐姿）、侍者、奴仆以及后面殿内中间塑有地藏菩萨、童男童女和判官、鬼卒外，前、后面的左右梢间分别依序塑立有八仙铁拐李、韩湘子、吕洞宾、何仙姑、汉钟离、蓝采和、曹国舅和张果老（腿残缺）。前后殿檐下悬挂编织通花珠帘，门框饰金钱纹，左右梢间前廊建有栏杆、云纹透花栏板和仰莲柱头。通体施青白釉，釉色莹润。枕面31.5厘米×16.5厘米（图16—⑦）。从该枕的建筑风格、装饰特点以及青白釉色诸特征看，无疑应是景德镇湖田窑的产品。

第二类　艺术陈设赏玩器

宋代的社会文化生活相当丰富，由于统治者的大力推崇提倡，广大贵族士大夫阶层制作和收藏各种艺术珍品、古玩之风极为盛行。景德镇湖田窑的制瓷匠师们，从对现实社会的客观实际出发，又能以其丰富的想象力和高超的技艺，巧妙地运用瓷土的可塑性特点，制作出各种各样的艺术陈设赏玩类瓷塑品，如人物俑（主要为汉人俑，也有胡人俑）、戏剧俑、牵马俑（既有汉人也有胡人牵马俑，既有单人也有双人牵马俑等）、马上封侯、麒麟送子以及各类动物如马、牛、羊、鹿、狗、兔、虎、豹、骆驼、独角兽及鹅、鸭、鸡等瓷塑。宋元时期的人物瓷塑，以现实生活的人物为蓝本，通过人物外貌的不同表情，加以冠帽服饰和道具配备的各异，着力刻画出人物的内心世界及其神情风貌，这和唐代的人物俑像一般多为臃肿、夸张甚至比例失调等特点形成鲜明对比。

胡人骑马俑　1999年湖田窑址出土。马头套辔头，扭颈下摆，颈部、背部捏塑出鬃毛，马尾卷起下垂，一深目高鼻头戴斗笠帽的胡人双手抓住马颈部的鬃毛骑坐于马背上。马之头部、尾部及胡人双臂均施褐色釉斑。白胎，马的足下部外，均施青白泛黄色釉（图19）。

胡人牵马俑　1970年景德镇市郊新平乡洋湖毛蓬店北宋墓中出土一件胡人牵马俑[17]，青白瓷质，釉质莹润，光洁透亮，是青白瓷中上等佳作。马膘肥健壮，昂首作嘶鸣状。马首络有辔头，背负坐鞍，尾卷结上翘。两侧各立一胡人俑，均深目高鼻，粗眉卷曲，胡须斜翘，头扎结巾，斜裹发髻，额前缀有额花。上着窄袖对襟小衫，下穿小腿马裤，足蹬皮靴，腰束围兜。左侧一人，双手执缰，作牵马状；右侧一人则执鞭作赶马状，从两人的外貌特征到装束打扮等来看，显然是"胡商"即阿拉伯商

图19.胡人骑马俑（湖田窑址出土）

[16]　国家文物局：《中国文物定级图典》一级品（上卷），上海辞书出版社，1999年版，第69页。
[17]　彭适凡：《景德镇市郊出土宋瓷俑》，《考古》，1977年第2期；彭适凡、彭涛：《从景德镇出土胡人牵马俑谈宋代景德镇瓷器的外销》，《中华文化论坛》(四川)1995年第1期。

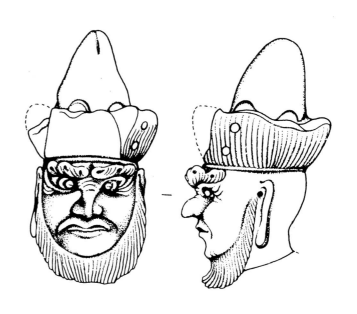

图20.胡人头像俑（湖田窑址出土）

人的形象。

　　"胡人"是我国古代对西域各地民族主要是阿拉伯人的泛称。很早以来，阿拉伯人民就通过陆上或海上的所谓"丝绸之路"和"陶瓷之路"来到中国各地，进行频繁的经济文化交流，这尊胡人牵马俑应该就是古代阿拉伯人民进行中西贸易往来的珍贵实物例证。胡商和骏马都是一副长途跋涉之打扮，由于旅途上的劳累，沙漠上的干旱，马似乎在嘶鸣、气喘，然而胡商却是那样刚毅威武，毫不气馁，把阿拉伯商人那种为了中西经济文化交流而不畏艰险的可贵形象塑造得栩栩如生，生动逼真。

　　宋代景德镇湖田窑烧制的青白瓷瓷雕艺术品中之所以出现阿拉伯人的形象，这应和宋代以来景德镇瓷器的大量外销有着密不可分的关系。为了开展中西贸易，唐宋以来，胡人的足迹不仅遍布长安、洛阳、扬州以及像广州、泉州那样对外贸易繁华的城市，而且还活跃于内地像洪州（南昌）、临川等内地城市。北宋初徐铉《稽神录》载："临川人岑氏，尝游山。溪水中见二白石，大如莲实，自相驰逐，捕而获之。归置巾箱中。其夕，梦二白衣美女，自言姐妹，来侍左右。既寤，盖知二石之异也，恒结于衣带中。后至豫章，有波斯胡人，邀而问之：'君有宝乎？'曰：'然！'即出二石示之。胡人求以三万为市。岑虽宝之而无用，得钱喜，即以与之。以钱生资，遂致殷赡。"此外，《太平广记》卷374亦有关于胡人在洪州城里活动的故事："洪州胡氏子，亡其名，胡本家贫，有子五人，其最小者，气状殊伟……其家令此子主船载麦，诉流诣州市，未至间，江岸险绝……沙推岸崩，穴中得钱数百万，乃弃麦载钱而归，由是其家益富，市置仆马……因令来往城市，稍亲狎人事，行及中道，所乘之马，跑地不进，顾谓其仆曰：'船所抵处得钱，今马跑地，亦恐有物。'因令左右掘之，得金五百两。赍之还家，他日复诣城市，因有商胡迁之，知其头中有珠，使人诱而狎之，饮之以酒，取其珠而去。……自是此子精神减耗，成疾而卒，其家生计亦渐亡落焉。"这些记述虽都为神话故事和传说，但也足可说明唐宋时期的江西境内，特别是古豫章城里确曾有过阿拉伯商人的活动，其足迹也可能踏及盛产茶叶和瓷器的浮梁、景德镇等地，因此，在景德镇湖田窑烧造的瓷雕艺术品中出现西域胡人的生动形象是必然的。1999年江西省文物考古研究所在湖田窑发掘时，就曾采集到一件青白瓷胡人头像。该胡人头戴高帽，帽沿卷起，外侧戳印圆圈纹。胡人浓眉深目，高鼻阔嘴，满脸络腮胡须。胎白，表面釉呈青白泛绿色。残高8.5厘米（图20）。

　　此外，从各地出土的资料看，也发现有类似的胡人牵马俑，如地属景德

图21.素胎女坐俑　　　　　　　　　图22.持镜女俑　　　　　　　　　图23.童侍俑

镇管辖的乐平市郊宋墓中就曾出土一件素胎单人牵马俑，马体敦矮结实，鞍辔齐备，且系璎珞带饰。左为一胡人侧向而立，深目高鼻，浓眉大耳，头束发髻，前结额花，身着对襟短衣，腰围汗巾并结扎于胸前，下着小裤麻履，腿扎绑带。胡人右手紧抓笼头，左手执缰，昂首远视，表现出一副风尘仆仆、全神贯注的生动形象。

至于汉人的单人或双人牵马俑，则各地发现更多。1987年江西抚州市宋墓中发现的一件双人牵马俑，两汉人体魄健壮，头戴小帽，帽尖耷拉，短衣束兜，窄裤麻履，一人执缰，一人持鞭，同样鞍辔齐备，作牵马侍立、整装待发状。此外，四川成都的一些宋、元墓中亦见有青白瓷双人或单人牵马俑的出土，牵马者多是汉人，其神态和装束打扮与江西抚州出土的相似。

素胎女坐俑　景德镇市郊北宋墓出土。通高25厘米（图21）。女俑安坐于高凳椅上，身着细花长衣，腰系百褶裙，自背至肩搭一朵花纹长锦带，双手相托从胸前垂至脚下，头挽高髻，面带微笑，柳眉，凤眼，高鼻，小嘴，将墓主贵妇人塑造得雍容华贵，惟妙惟肖。

持镜女俑　景德镇市郊新平镇洋湖毛蓬店北宋墓出土。高21.5厘米（图22）。女俑颊面丰腴，头扎双髻，内着交领短襦，外披酱彩宽袖长袍，双手持一带柄铜镜。除服饰施酱彩外，余均施青白釉，釉色莹润透明。

童侍俑　景德镇东郊古城舒家庄后山北宋治平二年(1065)舒氏墓出土。高21厘米（图23）。发饰平梳，身着圆领宽袖酱色衫袍，腰束带，双手作叉手礼于前。除服饰上施酱彩外，余均施青白釉。文明礼貌是中华民族的传统美德，"叉手礼"是我国唐、宋时代惯用的行礼方式。所谓"叉手礼"，据《事林广记》丁集卷上"幼学"类载："凡叉手之法，以左手紧把右手姆指，其左手指则向右手腕，右手四指皆直，以左手大指向上，以右手掩其须令，稍去胸二三寸许，方为叉手法也。"古籍所载叉手之礼正与这尊童侍俑的手姿相同。同一墓中还出土有作叉手礼的男侍俑，故此，这些男、女侍俑的发现，是宋代广为流行叉手礼的珍贵实物例证。

在艺术陈设赏玩品中最常见的题材是各种各样的动物造型，这在景德镇湖田窑址中有大量出土。它们大都是采用实心捏塑，然后雕刻而成，只有少数为压模成型。这类动物塑像大多属玩具陈设类，种类有马、猴、狗、鹿、牛、狮、羊、象、鸳鸯、麒麟、鸡、鹅和青蛙等。每类动物，又姿态各异，栩栩如生。除通身施青白釉外，有的还在头、颈、背、尾等一些关键重点部位施加褐色彩斑，以增添美感。

马 湖田窑址出土。低头静立，尾巴翘起，鞍辔齐备，作等待出发状。胎白，青白釉，头、背、鞍、尾部饰褐彩（图24）。

狗 湖田窑址出土。一件作站立状（图25），头上仰，耳下耷，颈饰铃铛，尾巴向上而转右下又上卷，背刻锯齿纹。双目、铃铛及背脊处饰褐色点彩。白胎，青白釉。另一件为西洋小狗（图26），尾垂下而向左上翻卷，双耳下耷，头向左侧作狂吠状。耳、尾端及屁股两侧施褐彩，形态生动逼真。此种西洋小狗，在广东潮州笔架山窑也有出土，造型及装饰作风极为相似，当属为外销需要而烧造的产品。

牛 一件出土于湖田窑北宋地层。全器下承扁平底板（图27），头前伸，眼圆睁，尾向上翻卷呈半圆形，体下卧有两头小牛犊。白胎，施青白釉，头、颈、尾部施褐色点彩。另一件系早年出土于湖田窑元代扰乱层，可惜只剩牛的头部（图28），但该瓷品雕艺手法准确简练，比例匀称，双目施褐釉点彩，一副温顺憨朴的神态，似对着主人作张口露齿欲叫状。胎骨洁白致密，釉更是标准的景德镇青白釉。由于牛头部凹凸转折明显，结果牛头正面额上部分积釉薄，映出洁白的瓷胎，下凹处包括鼻孔积釉稍厚，则呈透明的水绿色。这种釉色的深浅变化又更加衬托出牛头部的凹凸转折，令人感到既真切写实，又极生动传神。所以，该瓷牛制作极精，胎、釉俱佳，堪称景德镇窑元代瓷雕艺术之杰作。

羊 湖田窑出土。头上昂，两尖状粗角，嘴衔草，短尾上翘，背塑泥条。白胎，施青白泛绿釉。

鹿 早年湖田窑北宋遗存中出土。体作卧伏状，竖颈，头前伸微仰，目视前方，显得精灵神气，令人喜爱（图29）。胎白，施青白泛绿釉，底部露胎。

图24.马俑（湖田窑址出土）　　图25.狗俑（湖田窑址出土）　　图26.西洋小狗俑摹图（湖田窑址出土）

图27.牛俑（湖田窑址出土）　　图28.牛俑头部（湖田窑址出土）　　图29.鹿俑（湖田窑址出土）

第三类 宗教明器神煞器

继唐、五代之后，宋元时期，佛教和道教更在全国各地广为兴盛和传播。

宋初，由于宋朝最高统治者倡导佛教，故一时佛教禅宗的沩仰、临济、曹洞、云门、法眼五大宗派并盛，并且临济门下又演变成杨歧、黄龙二宗，称为"五宗七家"。杨歧、黄龙二宗开宗立派于江西，故此江西境内的佛教更趋兴盛。仅宋一代，江西新建起的寺院就达240所之多，加上以前创立的寺院，数目十分可观。曾巩曾描述宋时江西佛教的兴盛情况说："百里之县，为其徒者，少几千人，多至万以上。"（《曾巩集》卷18）真宗时编著的《景德传灯录》是最早的一部禅宗史。宋时全国各地的藏经极为丰富，太宗时就达5000多卷，计13万版，以后还不断刊印。元朝统治者更是"崇尚释氏"，从世祖到顺帝，10个皇帝都是佞佛的，因而在全国各地大建佛寺，大作佛事，同时又下令给予僧人除免租赋等特权，一时许多后妃公主、王公贵族、官宦名流都争先受戒膜拜为徒。正由于宋元时期佛教的兴盛，加以景德镇窑所处的江西崇佛之风尤炽，因而景德镇湖田窑烧造的有关佛像、菩萨（多见观音菩萨）、罗汉、供养像和坐禅僧等一类的瓷塑较多。

道教是我国的传统宗教，为借神权维护其统治地位，宋朝统治者对道教也积极扶植和提倡。宋真宗、仁宗、徽宗、高宗等都崇尚道教，并从仁宗时起一次又一次地敕封江西贵溪龙虎山的张天师，给予蠲免赋役等特权，并多次修建龙虎山的上清正一宫。南宋时，道教有南宗与北宗之分，有符箓派和丹鼎派之别，而龙虎山则成为我国南方道教的中心，故而江西地区的道教更是盛行。又由于龙虎山张天师的正一教属符箓派，主要以符水治病、祈福禳灾为行道的主要内容，因而更能在民间广为流行。也就在当时这股浓厚的神仙道术的氛围下，民间的丧葬活动都蒙上了一层神秘的道教色彩，如设法事道场、葬地堪舆、筑室埋地券和置放明器神煞等。《大汉原陵秘葬经》是宋金时期道家方士奉行的经典[18]，其中就宣扬道："凡大葬后墓内不立明器神煞，亡灵不安，天曹不管，地府不收，恍惚不定，生人不吉，大殃咎也。"宋元墓葬中有大量用陶瓷烧造的"明器神煞"和压胜物就是这种道家理论的真实反映。所谓"明器神煞"就是专为随葬而制作的神异怪物以及与阴阳迷信相关的俑类和塑像[19]，诸如神（仙）人俑、四灵俑（青龙、白虎、朱雀、玄武）以及十二生肖、仰观、伏听、蒿里老人、张坚固、李定度、东王公、西王母、张仙人、金鸡、玉犬和龙虎瓶等等。宋元时景德镇湖田窑就烧造有不少青白釉的"明器神煞"类瓷塑品。

据历年湖田窑的考古发掘资料，出土的佛像、罗汉和观音菩萨等雕塑品较多，只惜大多都为残件，或仅见头像，或只见局部身躯而失去头部，如图30的佛坐像，佛身披袈裟双手合十盘坐于束腰花形底座上，底座上部前侧刻划覆莲瓣纹，座外壁施有大小不一的凹窝。灰白胎，除底面之外施青白泛黄釉。底座直径8厘米、残高12.5厘米。

然而，有关青白瓷的佛像雕塑和道教"明器神煞"的瓷塑品在全国各地墓葬中则时有发现。

观音坐像 观音，佛教大乘菩萨之一。原译作"观世音"，后避唐太宗李世民之"世"字讳，简称观音。玄奘译《心经》时，改译"观自在"。关于观音的来历，历来佛家众说不一，显教说是阿弥陀佛的弟子，密教说是阿弥陀佛的化身，所以古人塑造观音菩萨像时，有作男的，但一般多作女相，通常与大势至同为阿弥陀佛左右胁侍，合称"西方三圣"。1978年江苏常州市区宋代水井出土一件青白瓷观音坐像[20]，通高25.4厘米（图31）。作端坐静思状，头着化佛冠，脸型清秀，袒胸露腹，璎珞飘带环披胸腹，身披广袖通肩外衣，双手交叠于膝上，腕饰宝钏，跣足。脸部露胎，色净白。前胸腹及下半身皆涩胎无釉，色白泛红，类似肤色。外衣

---

[18]　《永乐大典》卷8199，中华书局，1959年影印本。

[19]　徐苹芳：《唐宋墓葬中的"明器神煞"与"墓仪"制度》，《考古》，1963年第2期。

[20]　国家文物局：《中国文物精华大辞典》(陶瓷卷)，香港商务印书馆、上海辞书出版社联合出版，1993年版。

图30.佛坐像（残，湖田窑址出土）

图31.观音坐像（江苏常州）

图32.文殊菩萨骑狮像（云南大理）

及须弥座则施青白釉，呈淡湖色，隐现冰裂纹。此观音坐像雕琢精细，釉色莹润，其形象又端庄娴雅，神情慈穆，显然系北宋景德镇湖田窑青白瓷的精品。

文殊菩萨骑狮像 文殊，意译"妙吉祥""妙德"等，为佛教大乘菩萨之一，以"智慧"知名。他和普贤菩萨并称，作为释迦的胁侍，侍左方，塑像多骑狮；普贤则侍右方，多骑白象。1978年云南大理三塔主塔顶发现一件文殊像[21]，通高9.4厘米（图32），作文殊菩萨骑狮状。文殊头戴宝冠，两手置胸前，身后有火焰背光；狮首高昂，浓眉竖耳，张口龇

牙，髭毛分拨两侧。胎白质细，釉色白中泛青，莹润透明，应为南宋时期景德镇湖田窑产品。

道士坐像 1975年鄱阳县南宋咸淳四年（1268）墓中出土一尊道士坐像，道人面相端详，束发戴冠，身披宽袖长衫，内着长裙坠足，腰系宽带，脚蹬高靴，安坐于山石之上。右手持灵芝于胸前，左手置于膝上，右侧立一小鹿回首翘望，左后侧立一仙鹤。人物全身和长衫均涩胎，唯山石施青白釉。道人颇显清瘦，表情真切，一副自守清净、超凡脱俗的悠闲神态。很有意思的是，1986年浙江德清县城关东郊发掘的一座同样是南

宋咸淳四年墓中也出土一尊道士坐像[22]，其道人的基本造型与神态包括衣着道冠等与鄱阳出土的基本一样，所不同的是左、右手的动作正好与鄱阳出土的相反，即左手持芝草，右手置膝上；后者仅左侧立一小鹿，没有仙鹤；前者道人坐在山石上，后者则安坐在三足平板上；后者的外衫及小鹿施青白釉，白中闪青，稍带开片，余均无釉露白胎。距今736年前的两个道人塑像，一个出在浙江，一个出在江西，但其造型、衣着、青白釉色乃至神态表情都如此基本相同，说明它们都同是南宋景德镇湖田窑的产品，甚至有可能就是出于一个匠师之手。

[21] 国家文物局：《中国文物精华大辞典》(陶瓷卷)，香港商务印书馆、上海辞书出版社联合出版，1993年版。
[22] 袁华：《浙江德清出土南宋纪年墓文物》，《南方文物》，1992年第2期。

十二生肖俑　又称十二时神或十二元辰俑。古时的术数家拿12种动物来配十二地支，即子鼠、丑牛、寅虎、卯兔、辰龙、巳蛇、午马、未羊、申猴、酉鸡、戌狗、亥猪。后以某人生在某年就肖某物，如子年生的肖鼠，丑年生的肖牛，故称为"十二生肖"，又称"十二属相"。《周书·宇文护传》："生汝兄弟，大者属鼠，次者属兔，汝身属蛇。"十二生肖之说起于东汉，生肖俑盛于隋至元代。宋时的生肖俑可分两类，一类是文侍俑，双手捧着十二生肖头部于胸前，如1970年景德镇市郊新平镇洋湖毛篷店的一座夫妇双室合葬墓中，各出土十二生肖俑12件，均头戴平顶帽，额正中饰一"王"字，双手捧十二生肖动物的头部于胸前，所不同的是，男墓的有胡须不施褐彩，女墓的无须却着褐彩。另一类是人身兽首，一般多身首分开烧造，兽头插入俑身，可以活动。

四神俑　四神又称四灵，被奉为镇守四方、驱除邪恶的神物。《三辅黄图》云："苍龙、白虎、朱雀、玄武，天之四灵，以定四方。"汉代铜镜上的铭文中也有"左龙右虎掌四方，朱雀玄武顺阴阳"之句。宋元墓葬中的四灵俑多是成套出土，且都作单体圆雕。有的四灵以单个原形出现，如景德镇市东郊古城舒家庄后山北宋治平二年（1065）舒氏墓出土四神俑各一件，龟背和蛇头额上各刻一"王"字，除玄武素胎外，余均施青白釉，并加褐釉点彩，釉色匀润，光泽透明。以朱雀俑为例，朱雀立于花形座上，作展翅欲飞状，雀高冠尖喙。通身施青白釉，但冠、喙、胸和双翅以褐彩点缀，形象生动逼真（图33）。有的则以兽首人身俑出现，如人首龙身俑、人首鸟身俑、人首蛇身俑等，还有的则为文侍俑手中抱着四神。只有少数情况下，有时龟、蛇缠绕一起作龟蛇俑，如南昌县宋墓中出土一件（图34），龟作翘首爬行状，蛇缠绕于龟身，蛇首高高昂起与龟相视。

堆塑长颈瓶　是江西和周边少数地区宋元时期广为流行的与道教有密切关系的特殊随葬之物。它的器形特点是形体修长，高腹长颈带盖，颈部雕塑奇妙，上有神仙人物、瑞兽祥禽贴塑配置，还有朵云、日月衬缀四周，恰似令人向往的"天界仙境"。陶瓷学界对它的称谓，过去很不统一，有的认为它是亡灵的归依之所而称之"皈依瓶"或"魂瓶""净瓶"；有的因上面堆塑有龙虎而称"龙虎瓶"，有的因上有众多堆塑而称"堆塑瓶"，等等。所谓"皈依"者乃系佛教名词，是身心归向佛之意思，而此类瓶与佛教无关，其上也从未见有佛教所特有的莲花图案，故"皈依瓶"的说法显然不妥。龙虎仅是众多堆塑物中的两种，故概称之为"堆塑瓶"也可，但又考虑唐宋以来堆塑瓶种类较多，从外观上看就有长颈、短颈和无颈之分，而这里所讲江西地区

图33.褐彩朱雀俑

图34.龟蛇俑

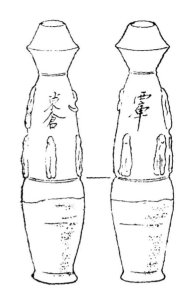

图35.堆塑瓶壁书刻铭文

与道教有关的堆塑瓶是专指那种长颈瓶，因此，我们同意以"堆塑长颈瓶"定名为好[23]。

堆塑瓶的造型最早见于三国两晋时的青瓷谷仓，南朝至隋时青瓷仓为圆形。唐代堆塑瓶较多，且多为陶质，瓷质较少。宋元时期堆塑瓶种类繁多，质地以瓷为主，堆塑多在肩以上，如前所述，有长颈、短颈和无颈之分。

江西地区主要流行这种堆塑长颈瓶，特别是在赣中和赣东北地区，南宋至元几乎每墓必出，而且都是成对出土，未见单个者，多的也有出两对的。此外，与江西毗邻的湖北黄梅和黄石等地、浙江省的江山和衢县、福建省的邵武、湖南的醴陵等地亦有零星出土。正由于这种堆塑长颈瓶系由谷仓演变过来，所以出土时往往还

留存有谷物，如江西丰城县梅岭宋咸淳八年墓和南昌市朱姑桥元延祐二年墓出土的堆塑长颈瓶由于瓶盖密封较好，瓶内都发现有尚未完全炭化的稻谷。南昌县博物馆还藏有刻划"东仓""西库"铭记的堆塑长颈瓶（图35），说明宋元时期流行的这种堆塑长颈瓶，是为了给亡人在阴曹地府准备储存谷物的仓廪。

这种堆塑长颈瓶始于北宋，盛于南宋，元时就趋衰落。其造型和堆塑特点，经历了一个由简到繁，再从繁到简，直至衰落的发展变化过程，它从一个方面反映了宋元时期随葬风俗的变化。

北宋时期的堆塑长颈瓶，数量较少，总的特点是颈长和腹长基本相等，肩腹相交处多饰荷叶边形附加堆纹一周，颈部饰多道凸弦纹为地，上

所堆塑物较简单疏朗，只有龙虎、云气、日月和鸡犬等，肩至颈部间置弧形把3个，盖顶呈笠帽形，上有立鸟，但普遍较低。以1965年南城县北宋嘉祐二年（1057）墓出土的一对为例[24]，釉呈米黄色，长颈，腹上鼓下收，圈足外撇，腹素面，肩颈相接部堆塑荷叶边形附加堆纹一周，颈饰12道凸弦纹作地，两瓶的颈部分别堆贴龙与虎，自肩至颈上部有3个半弧形把。盖作矮笠帽状，上饰一飞鸟。通高46.2厘米（图36—①）。北宋中期的颈部还有3个半弧形的把，但到北宋后期就已消失。

南宋时的堆塑长颈瓶出土数量特多，时代特征也非常明显，首先是体形变得修长，且由北宋的颈长与腹长相等变为颈长大于腹长；肩颈相接部普遍增加一周立俑，多为12个，仅

[23]　杨厚礼：《江西宋元纪年墓出土堆塑长颈瓶研究》，《南方文物》，1992年第1期。
[24]　薛尧《江西南城、清江和永修的宋墓》，《考古》，1965年第11期。

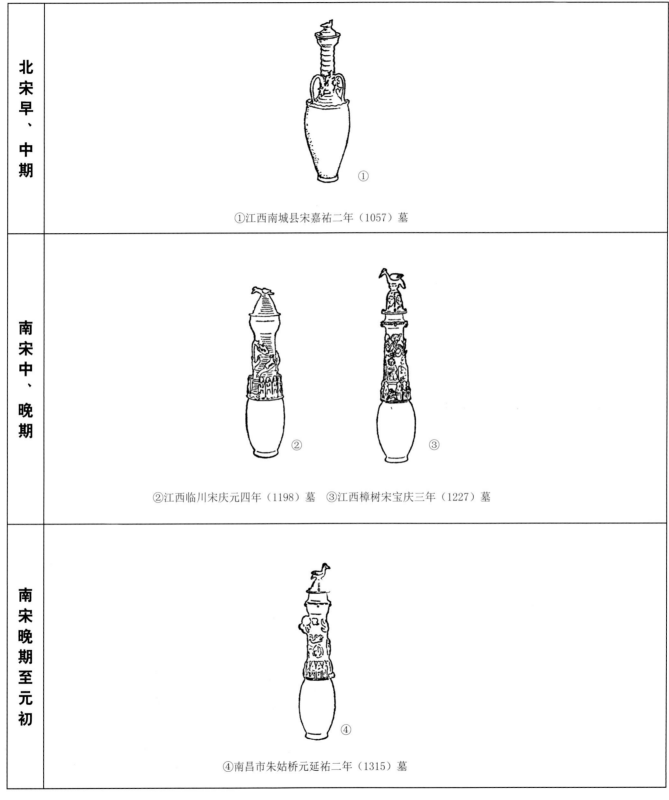

北宋早、中期	①江西南城县宋嘉祐二年（1057）墓
南宋中、晚期	②江西临川宋庆元四年（1198）墓　③江西樟树宋宝庆三年（1227）墓
南宋晚期至元初	④南昌市朱姑桥元延祐二年（1315）墓

图36.宋元时期堆塑长颈瓶造型演变简图

有个别为11个或13个,颈部则堆塑有龙、虎、日、月、伏听俑、文俑、武俑、鹿、马、鸡、犬、凤凰、龟、蛇等,最多的达12种之多,且布局繁而不乱,疏密有致。盖普遍作尖顶高帽形,个别盖特高,竟占到全器高度的1/4。南宋早期,其肩部仍如北宋时一样多饰一周荷叶形边附加堆纹,中期以后一直到元代则改饰一周凸弦纹(图36—②)。南宋晚期至元还开始出现龙虎头部和日月悬空突出于器表的现象(图36—④)。例一,1965年江西樟树南宋嘉定四年(1211)墓出土的一对[25],釉呈乳白色。盂形口、颈、腹修长,圈足外撇,肩腹交接处饰一周凸棱纹和一周荷叶边附加堆纹,中间贴塑横S纹一周。一瓶的肩颈部堆塑12个立俑和一只腾龙,另一瓶的肩颈部堆塑12个立俑和一只跃虎,

其间均满塑朵云,并有小蛇穿行于日月和云纹之间。上配尖顶高帽,约占全器的1/4高,顶立一鸟作展翅欲飞状,盖周边塑3行竖S纹,故全器以S纹为其主要装饰特点。通高64.5厘米(图37)。例二,1965年江西樟树南宋宝庆三年(1227)墓出土一对,釉呈青白色。平口长颈,长鼓腹下收,圈足外撇,肩腹相接处饰凸弦纹一周,肩上塑立俑12个,中以伏听俑和朵云相隔。一瓶的颈下部堆塑有文吏俑,其左右侧分别塑鹿与玄武,上部则塑腾龙和流云托日图案;另一瓶的颈下部则堆塑有武士俑,其左右侧分别塑鸡与马,上部则塑跃虎和流云托月图案。盖作尖顶高帽形,上立一鸟,头也分朝上和朝下。通高86.5厘米(图36—③)。此瓶纹饰繁密,但布局得体,较为典型。

元初堆塑长颈瓶的作风仍保持了南宋晚期特征,但不久就开始显现出其装饰风格的变化,虽然体形仍然修长,但堆塑的品种日趋减少,如鹿、马、玄武等基本不见,就是立俑也减至11个或9个、8个,有的竟少到只有6个。此外,盖顶变矮,立鸟肥胖,整个瓶体布局稀疏,制作粗糙,釉色不一,质量明显下降。如江西南昌县天历三年(1330)墓出土一对,平口,长颈长鼓腹下收,圈足外撇,肩颈交接处饰凸弦纹一周,颈下部分别塑立俑9个和10个以及文、武俑各一,颈上部则分别塑龙、虎,左右贴凤凰和朵云。盖为矮笠帽形,顶塑卧伏鸟。通高56厘米。全器堆塑简略,图像模糊。

从上不难看出,堆塑长颈瓶上的堆塑图像种类,诸如十二立俑、龙虎、日月、玄武、凤凰、鸡、犬、伏

图37.堆塑长颈瓶

[25] 薛尧《江西南城、清江和永修的宋墓》,《考古》,1965年第11期。

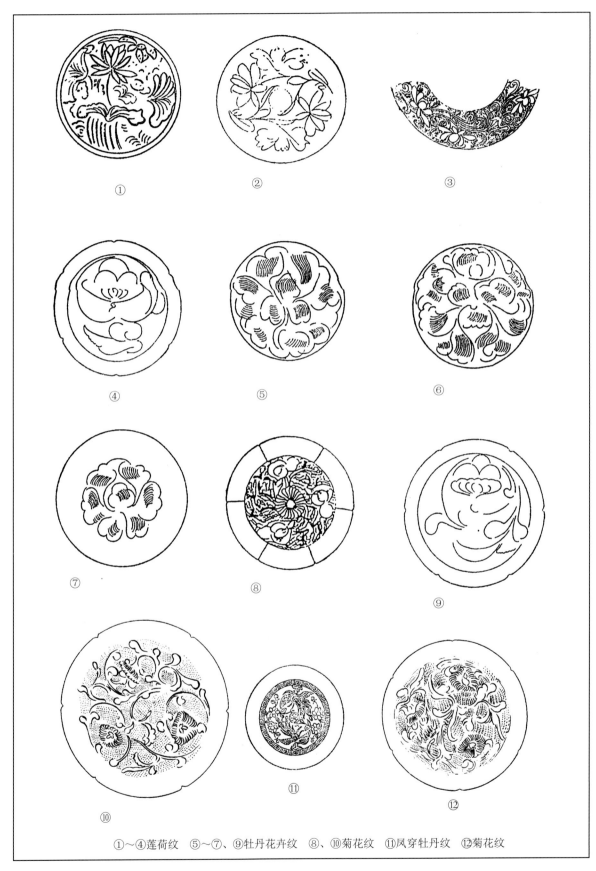

①～④莲荷纹　⑤～⑦、⑨牡丹花卉纹　⑧、⑩菊花纹　⑪凤穿牡丹纹　⑫菊花纹

图38.青白瓷植物类装饰纹样

听俑、文武俑和八卦等都是道教中的仙人神物,所以在1950年江西贵溪县陈家村发现的道教第36代天师张宗演墓[26]中也随葬有这种堆塑长颈瓶,这正说明此类堆塑瓶与道教的密切关系。前已述及,《大汉原陵秘葬经》是宋金时期重要的一部道家地理葬书,书中详细记载了天子、亲王、公侯、卿相及大夫以下至庶人墓"明器神煞"的名称、尺寸及排列方位图,而宋元堆塑长颈瓶上的堆塑图像和内容恰恰与《秘葬经》中载及的"明器神煞"的名称种类基本相同,这就证明这种堆塑长颈瓶就是根据《秘葬经》一类道家理论书来雕塑烧制的。在北宋时期,葬制中的这些仙人神异图像即所谓"明器神煞"多是以单个形象出现,即各种俑类较多,南宋以后至元,道家的这种葬制不变,只是各种"明器神煞"不再雕塑成单个个体,而是将其缩小贴塑到长颈瓶上,这样,堆塑长颈瓶集诸"明器神煞"于一身,既有其"兴福降祉",又有储粮仓库等多种功能和作用。

(乙)丰富多彩的装饰纹样

我国的陶瓷装饰艺术有着悠久的历史和优秀的民族传统。千百年来,随着社会发展、人们审美情趣的变化和陶瓷生产技艺的不断提高,陶瓷的装饰纹样也处于不断丰富和变化之中。宋代陶瓷纹样丰富多彩,花样繁多,而以景德镇湖田窑为中心的青白瓷系的装饰也以它独特的艺术风格和高超的艺术造诣盛誉于世,是宋代陶瓷艺苑中盛开的奇花异葩。它的优美素朴的青白瓷图案纹样,开了以后景德镇陶瓷装饰艺术的先河。宋元湖田窑青白瓷图案纹样的题材内容相当丰富,也很广泛,归纳起来大体可分为植物、动物和人物山水三大类,以植物类最多,动物类次之,人物山水类较少。现择其主要者介绍于后。

第一类 植物类

莲花 莲花是青白瓷装饰中最常见的题材。莲与荷古代多混用,故有的又称荷莲或莲荷,古乐府《江南》:"江南可采莲,莲叶何田田。"南北朝以来,随着佛教的盛行,被称为"佛门圣花"的莲荷图案,被广泛地施用于陶瓷器和其他工艺品上。一些碗、盏、盘、钵、壶的外壁或器内划复线仰莲,有的盘心还施莲蓬纹,酷似盛开的莲花,以至莲花纹样成了南北朝时陶瓷断代的重要标志之一。隋唐时期,莲花图案仍然作为某些瓷器的主题纹饰,到宋代,随着时代的发展以及佛教的中国化,莲花图案日趋丧失其宗教意味,而仅是成为一种纯装饰性的艺术题材,人们酷爱其清幽玉洁,清香四溢。北宋哲学家周敦颐在江西南康军(今星子县)写下千古名篇《爱莲说》,吟出了"出污泥而不染,濯清涟而不妖"的千古名句。他把莲花誉为花中君子,而同菊花隐逸到秋冬才盛开以及牡丹的富贵华丽都不一样。

正由于宋人喜好莲花,加以莲花又有寓意"连(莲)生贵子""并蒂姻缘"等吉祥之意,故在陶瓷装饰艺术上也得到充分反映。景德镇湖田窑的青白瓷器造型,如有的碗、盏甚或水盂本身的造型就呈荷花或荷叶形。如景德镇市郊宋墓出土的一件花口刻花荷叶纹碗[27],内外壁仅用简单数笔勾划出荷叶的茎脉,与花口组成宛如一展开的荷花,加以釉色翠绿,更显其形态逼真,生气盎然。有的器盖作覆叶状,叶筋清晰,顶有茎纽;有的枕面作荷叶状,如前已述及的卧女枕和孩儿枕都有荷叶枕面相衬。湖田窑青白瓷上莲花装饰图案的构架式样,有团式、带式、散点式和"锦地开光"式(或称堂式)等多种形式,主要根据其器形及其部位的不同而定,如在一些碗、盏、盘的器内壁有作"团式"组合,且常见的是折枝或缠枝的空间组合(图38—①、②、④);在一些器物的肩、颈、胫部位则多用二方连续的"带式"缠枝莲组合(图38—③)。不论何种构架式样,一般多划有浅而细的排线篦纹,以突出主体纹饰。江西德兴北宋元祐七年(1092)胡氏墓出土的一件青白釉荷纹碗[28],其外腹素面无纹,而在内壁则刻五朵盛开的莲花,且有茎蔓缠绕,花瓣上还划以篦纹以示花脉叶

[26] 《江西贵溪陈家村发现张天师墓葬》,《文物参考资料》,1951年2卷第8期。

[27] 景德镇市考古研究所:《景德镇出土陶瓷》,香港大学冯平山博物馆,1992年7月。

[28] 孙以刚:《江西德兴流口北宋墓》,《南方文物》,1994年第3期。

①青白釉狮纽盖瓶腹部龙纹展示图　②盏内底刻卷体龙纹图
③莲池游鱼图　④、⑥双鱼比目并游图　⑤碗内底心双鱼戏水图　⑦莲池游鹅图

图39.青白瓷动物类装饰纹样一

筋，从而增强了图案的立体感。在一些器物的外腹部或盖面或肩、颈、胫部，还施以仰覆莲瓣纹，少则一层，多者达四五层，甚至更多，有的在大莲瓣之间夹以小的莲瓣，莲瓣的形式也变化多样，常见的有圆头、尖头、单勾线和双勾线等种。此外，尚有"一束莲"（或称一把莲）甚或"三束莲"的，还有与鱼、鸭或鸳鸯等祥禽相组合的艺术画面。

牡丹花 牡丹是湖田窑青白瓷装饰中最常见的题材。其品种有红、黄、白、绿、紫和黑等多种颜色，其特点是花朵硕大，姿态艳丽，雍容华贵，自唐以来，特受世人喜爱，被视为繁荣昌盛、美好幸福的象征，故又尊称其为"花王"，且以河南洛阳牡丹最为著称，有"国色天香"之雅誉。宋时称为"富贵之花"，被更广泛地装饰在各种各样的工艺品上。我国现存最早的牡丹专书也就出在宋代，即欧阳修的《洛阳牡丹记》。宋时，有关牡丹的专著还有张邦基的《陈州牡丹记》和陆游的《天彭牡丹谱》，可见宋代社会上上下下对牡丹普遍喜好，故而在青白瓷器装饰上极普遍地出现牡丹花卉也就不足为奇了。

牡丹花卉在青白瓷器上的构图多样，有的单朵盛硕，折枝怒放，姿容妖娆；有的数朵并放，枝蔓缠绕，婀娜俊俏；有的两两相对，花叶舒展，丰满艳丽（图38—⑤、⑥、⑦）但也有少数情况下，将牡丹花卉与祥禽结合，鸾凤回首展翅，翱翔于花枝丛中，即所谓"凤穿牡丹"之吉祥图案（图38—⑪）。

菊花 菊花是一种自古以来广为人们喜爱的著名观赏性花卉，被称为中国十大名花之一，自然也成为宋元湖田窑青白瓷器上的常见装饰题材。东晋大诗人陶渊明曾吟有"采菊东篱下，悠然见南山"的名句。三国魏·钟会作《菊花赋》云："何秋菊之奇兮，独华茂乎凝霜。挺葳蕤于仓春兮，表壮观乎金商。"且赞赏菊有五美："黄华高悬，准天极也；纯黄不杂，后土色也；早植晚登，君子德也；冒霜吐颖，象劲直也；流中轻体，神仙食也。"我国现存最早的一部菊花专著《菊谱》出于北宋人刘蒙所撰，此外，尚有范成大的《范村菊谱》等都出于宋人之手，足见宋代人对菊花的钟爱。青白瓷器上的菊花图案装饰，主要施于器物之内外壁及内心底上，凡施于内壁的展枝菊纹，或折枝，或缠枝，都构思灵巧，意境宏达，运笔生动（图38—⑧），且多间以排线篦纹、水波纹或锥刺纹等组合纹饰，以衬托出菊花这一主题纹样（图38—⑩、⑫）。若施于器外壁的则多施剔刻的菊瓣纹，且多为重瓣式布满器壁。有的在器内底心施一含苞欲放的秋菊，有的则在内壁饰一周重瓣菊纹，内底又饰一盛开的折枝牡丹（图38—⑨）。

樱桃 樱桃，又名"莺桃"，或称"中国樱桃"，是我国的一种传统花卉，原产于长江流域，后遍及全国。叶呈广卵形至长卵形，前端渐尖，花蕾红色，花冠白或略带红，初夏成熟，果实小，红球形，味甜美，柄细长。果供生食，花供观赏。其果古代比之如玉珠，李白就曾赞誉道："如珠未穿孔，如火不烧人。"

景德镇湖田窑址早年曾出土一樱桃小鸟纹碗残片（图40—⑨），碗腹部至口沿均残，唯碗底足无损，内底心满施的樱桃小鸟图案也完整清晰。整个画面，枝繁叶茂，果实累累，小鸟伏于丛中，其小鸟的神态与日本收藏的宋徽宗之画《桃鸠图》中之鸠形十分相似，说明宋代画院花鸟画的空前发展，曾给了陶瓷装饰工艺一定的影响。这不仅表现在绘画的写实方法，也包括一些中国传统图案的形式法则和规律的应用，如该画面的构图，枝叶、樱果和小鸟的布局，完整圆满，疏密有致，从外表粗看给人的感觉是一均齐形式，但细看实际上它是分部组合却富有变化。5个球形樱果非对称地饰于画面周围，而是3果饰于小鸟之左上侧，2果饰于鸟之右下侧，也就是说，它不是完全采用对称的手法组成的平衡形式。这种均齐与平衡形式的运用，既严谨又活泼，既规矩又生动，统一中有变化，变化中求得统一，因而才能永葆其艺术魅力，时至今日，没有谁不为之折服。

第二类　动物类

龙纹 龙是我国神话传说中的一种神异动物，中原华夏民族对它的崇拜也最盛行，出现历史也最早。目前我国发现的华夏第一龙应首推辽宁阜新查海遗址出土的由一条黄褐色碎石块堆积铺砌而成的龙，距今已有近8000年的历史，稍后又有河南濮阳西水坡遗址仰韶文化墓葬中发现的用蚌壳摆塑的龙。此后，龙逐渐演变成了中华民族的象征，龙的传人成了"炎黄华胄""炎黄子孙"的同义语。商周以后，在青铜器、玉器、金银器和陶瓷

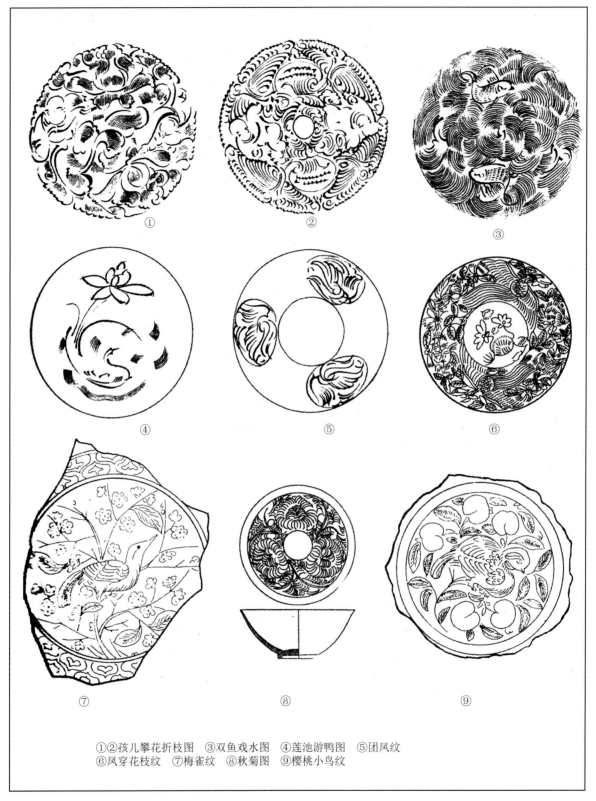

①②孩儿攀花折枝图　③双鱼戏水图　④莲池游鸭图　⑤团凤纹
⑥凤穿花枝纹　⑦梅雀纹　⑧秋菊图　⑨樱桃小鸟纹

图40.青白瓷动物类装饰纹样二

①孩儿戏水图　②孩童攀枝折花戏耍图　③青白釉长颈瓶通身刻纹展示图（江西余干南宋绍兴二十年董氏墓）
④人物山水图　⑤三凤戏穿牡丹图

图41.青白瓷人物山水类装饰纹样

器等工艺品上，龙自然成了装饰艺术的主题纹样。唐宋以后，皇帝把自己称为"真龙天子"，因而龙的图案更是充满于皇室用具。宋元时期陶瓷器上的装饰龙纹，龙体作蛇形弯曲，张口怒目，S形尾渐细，爪有三、四、五趾不等，以三趾为多，五爪多用于皇宫用瓷，宝珠的光焰由一端往外喷射，呈火焰燃烧状或带状。一些陶瓷器上还出现了一种无角无尾的螭龙。

宋代湖田窑青白瓷器上龙图案的装饰，多以立体形象堆贴于前已介绍的众多龙虎瓶上，作平面刻划的龙纹较为少见。景德镇早年曾发现过一件青白釉刻花龙纹盏（图39—②），盏内底刻划一卷体龙纹，而重点突出龙首，小目圆睁，双角上扬，须鬣飞动，四周遍布云气。湖田窑址在南宋地层中也曾出土一件印花螭龙碟，芒口，斜壁，假圈足，内底心印双螭龙，边饰云头纹，胎体细薄，内外施釉，釉色淡青光洁。元代时青白瓷器上的龙纹装饰则日趋多见，不仅仍以龙的立体形象贴塑于一些罐、瓶上，而且在一些器皿上常见刻划出"龙纹戏珠"或"腾龙戏水"等以龙为主题的平面图案装饰。江西万年县元泰定

元年（1324）汤顺甫墓出土一对青白釉龙纹狮纽盖瓶（图39—①），瓶为小口，短颈，丰肩，腹上鼓下收，矮圈足稍外撇。整器刻划出三层纹饰：肩部为带状折枝牡丹纹，腹部主题纹样为一细颈三爪单龙戏水波涛纹，近底部刻饰六瓣双钩仰莲纹，莲瓣内刻变形垂云。每层纹饰之间以粗、细两道凹弦纹相隔。腹部的主题龙纹，尽管龙身的刻线多处断缺不相连接，但给人的印象是龙的形象又很完整，它真实地再现了翻腾于惊涛骇浪之中龙身躯时隐时现的生动情景，表现了制瓷匠师的用线和运刀大有"意到笔不到"之妙。

凤纹　凤是我国古代传说中的一种祥禽，是我国古代东方部族最崇拜的图腾，有所谓"百鸟之尊"的美誉。它被人推崇的历史也很早，远在距今约7000年前的浙江余姚河姆渡遗址中，就出土有"双鸟（凤）朝阳"纹雕刻器、双凤纹蝶形器和双凤纹匕首等象牙原始艺术品，在晚商至西周青铜器上也多见有长尾凤鸟的形象。以后，随着社会的发展，历代都把凤鸟作为象征天下太平、如意吉祥的瑞物，作为我们中华民族一切美好幸

福、理想愿望的象征，因而它一直作为我国古代工艺和日用品上装饰的永恒主题纹样。宋代湖田窑青白瓷器上的凤鸟装饰纹样也时有所见，不仅在一些碗、盘、盖盒上有凤穿牡丹、莲荷或凤穿花枝的题材（图40—⑥），还有单凤口衔牡丹飞舞、三凤在牡丹花丛中追逐（图41—⑤）、双凤比翼穿云、双凤口衔绶带以及呈散点式的团凤纹（图40—⑤）等图案。

在元代湖田窑烧造的青花瓷器上，凤纹图案也很丰富，除"凤穿牡丹"一类之外，其凤纹图案的尾部多有变化，计有孔雀尾、绶带双尾、绶带三尾、羽翼三尾和卷草纹尾等等。

鱼纹　远在6000年前的半坡仰韶文化彩陶上就开始出现有鱼的装饰图案，商周青铜器特别是南方的一些青铜器上有较多的鱼纹装饰，汉代青铜器中多流行双鱼洗。尔后这种鱼纹题材被广泛地运用于各类工艺品的装饰画面上。又由于"鱼"与"余"同音，"鲤"谐音，所以鱼在民间又成了"富贵有余""连年有余""年年盈利"等吉语的表征。

宋元时期青白瓷上的鱼纹装饰发现较多，常以水波、水藻和莲荷交错

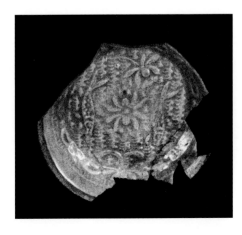

图42.青白釉莲池游鱼平底碟

一起，构成一幅生动活泼的犹如传统中国画的画面，如莲池游鱼（图39—③）、水藻游鱼和游鱼戏水等，或单或双，或三五追逐，均极力表现鱼水交融之意境。双数鱼的构图，在器壁用对称法，两两相对，首尾对置，腾跃嬉水（图40—③）；若在器心，则双双成对，同向迎水，比目并游（图39—④、⑥）；三五尾单数鱼的构图，多是顺向追逐，盘旋游荡。景德镇湖田窑烧造的一件宋代青白瓷碗，其内底心的双鱼戏水图（图39—⑤），我们可以清楚地看到，瓷艺画师们除用简单两笔勾画出双鱼的身躯外，全用极夸张变化的艺术手法，即用篦纹排线来表现鱼鳞、鱼鳍和水浪，鱼身上的排线既似鱼鳞，又像水波，恰似游鱼在江河中半露半藏，时隐时现。试想，在现实生活中，谁又能看清水中游鱼的鳞和鳍呢，除非是漂浮于水面的死鱼。可以想象景德镇湖田窑的瓷画匠师们对游鱼的观察是何等入木三分，对游鱼的形象处理又是如此高度概括，这是多么难能可贵呵！

此外，景德镇落马桥元代灰坑中曾出土一件元初典型的青白釉平底碟，虽口大部分已残，但其内底则压印有一幅极为生动的"莲池游鱼"图案（图42）：芒口，斜壁，假圈足，边饰云头纹，内底心印两条瘦长曳尾的游鱼，同向而行，中心和一侧饰两已结实的莲荷，周围间填有水藻、浮萍等。整个画面布局既圆满充实，又主题突出，虚处不空洞贫乏，实处不

显得呆板沉闷，使图案疏密有致，虚实相宜。必须指出的是，该碟的"莲池游鱼"图案与定窑印花鱼莲盘内底的画面内容风格相近，故当为仿定窑之作。

水禽纹 这里的禽主要指鸭和鹅等家禽，是平民百姓家最为普遍饲养的家禽。鸭者，生性浮捷，不畏寒冷，常浮水面戏水斗耍；鹅者，体形硕大，羽毛洁白，常于池塘展翅击水，它们和水都结下不解之缘，正因如此，它们为人们所喜爱，为文人所吟咏。唐骆宾王自幼喜咏鹅："鹅、鹅、鹅，曲项向天歌。白毛浮绿水，红掌拨清波。"宋·苏东坡《惠崇春江晚景》诗中的"竹外桃花三两枝，春江水暖鸭先知"名句更是千古传颂。它们一幅幅戏水的所谓"水禽图"的生动画面，往往又是历代中国传统画家的常见题材。

同样，也必定会将其用作瓷器上的装饰。宋元湖田窑青白瓷器上就常有所见，且几乎都用刻划花的方法施于器物上，其画面布局，若施于内壁，多数是二、四成双，间饰莲草，首尾相对；若施于内心，则多以单禽戏水画面出现，有的辅以莲花、水草和芦苇等纹。景德镇烧制的一件青白瓷碗，其内底心就划有一幅莲池游鹅图（图39—⑦），仅简单两笔，就把浮于莲池水面的曲项游鹅刻画得栩栩如生，活灵活现，其间的莲荷和芦苇，也简洁明快，生气盎然。湖田窑出土的一件碗内心则刻划出一幅莲

池游鸭图（图40—④），与上不同的是，画面只一鸭一莲，鸭纯用夸张手法，简笔写意，莲花则重刀挥洒，含苞待放，鸭的周围仅有简略的几组起伏的排线纹，以示清波浪动之池水。

第三类 人物山水类

婴戏纹 孩童嬉戏、玩耍的画面也是湖田窑青白瓷上喜用的装饰题材之一，它多是刻划或拍印于盘心、碗底、碗壁或瓷枕上。常见的画面有的仅一个，但更多的是两个或三个孩童相向而立，赤身裸体，肌体丰满，体态活泼，或追逐戏水，或攀枝折花（图40—①、②)。还有的在碗内壁发现残存有五个孩儿戏水的图案，说明整器内壁的孩儿戏水远远超过五个以上。

1972年，在宜黄县南宋嘉泰元年（1201）叶九墓出土一件青白釉孩儿戏水碗（图41—①），其内壁刻划两个童子，赤着身子，眉开眼笑，相互迎面戏水，浪花四溅，真切逼真，刀法流畅，堪称佳作。有的青白釉花口瓶上，刻划一孩童手持花朵在花圃中奔跑戏耍，童子体态微胖，加以又光着身躯，在青翠滋润的釉层下，更显得活泼可爱，惹人喜欢。景德镇市郊北宋墓中曾出土一件青白釉马鞍形（又称元宝形）枕[29]，更把孩童戏水、童儿攀花折枝等装饰题材集于一身，枕的五面均刻饰有婴戏纹，绕枕面为双婴攀花，正面为双婴戏水，背面为一婴戏莲，两侧则分别为一婴戏水。整个图案都刻划于框内，构图简练，

---

[29] 景德镇市考古研究所：《景德镇出土陶瓷》，香港大学冯平山博物馆，1992年7月。

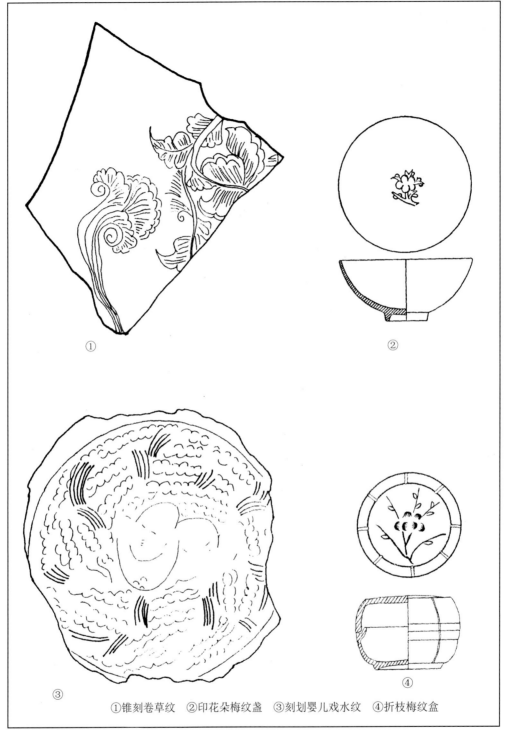

①锥刻卷草纹　②印花朵梅纹盏　③刻划婴儿戏水纹　④折枝梅纹盒

图43.青白釉装饰纹样

疏密有致，线条流畅，枕底涩胎，枕右侧尚有5个支烧痕，显然是用较五代更进步的竖向法入窑烧成。这种装饰有多个婴戏图案题材的瓷枕残件，在湖田窑、柳家湾窑址都有出土。

婴戏纹图案，不仅在景德镇湖田窑，其他如江西南丰白舍窑、赣州七里镇窑也多有所见，只是风格特色不尽相同。如七里镇窑的一件青白釉盘（图41—②），其盘心的两个孩童，头为小分头，身着短袄，颈系围兜，一脚抬起，作攀枝折花奔跑戏耍状。

元明时期，湖田窑瓷器上的婴戏题材，总的特点是趋于繁复，常与多宝纹结合，注重气势和变化，如同当时的铜镜、玉雕、漆雕和刺绣等其他艺术品一样，多表现孩童的活泼有趣、充满欢乐祥和的各种活动场景，个体从几个到数量十个孩童不等，有的还有"五子登科""状元及弟""莲生贵子""麒麟送子"等吉祥文字，体现了对孩童的无限关爱与期望，也表达了人们对未来生活的无限憧憬与祝愿。

人物山水图 宋代是我国花鸟、山水画发展很盛的时期，这无疑对陶瓷装饰艺术也会产生一定的影响。根据现有资料，青白瓷器上的山水人物图案尚发现不多，目前仅知早年在湖田窑址出土过一块南宋青白釉印花人物纹碗底残片，残片长19.0厘米[30]。由于碗底大部尚在，故主题纹饰的基本轮廓还清楚：一个头扎双髻、身着广袖长衫、腰束带的妇人立于岸边的

巨石之上，其后尚有一棵鲜花盛开的桃树；其他大部分画面为波涛翻滚的江水，水面上还漂浮着被洪水冲下来的柳枝和桃花，间有蜻蜓飞舞；巨石旁有一段被洪水冲断了的木桥，但木桥下尚有四组呈"×"字形木桩支撑着。面对这一情景，妇人左手向上前举，深有所叹，又似有所语。我们知道，在水网密布的江南地区，每逢春季，江河水涨，山洪暴发，那是习以为常的事。景德镇湖田窑的陶艺师们竟捕捉住这一题材，仅用波涛、柳枝、桃树（花）、蜻蜓、断桥和人物等，组合在一个很小的画面上，就把南方地区春江水涨的可怖情景描绘得真切逼真，活灵活现（图41—④），而且布局合理，纹饰清晰，为瓷器的装饰增添了形象美和艺术感染力。所以，这件印花瓷器，不仅是件日常生活用器，而且实在是件难能可贵的古代艺术品。

宋元时期景德镇湖田窑青白瓷器上的装饰纹样，除上述一些主要的以外，还有一些这里只能从略，诸如植物类纹样还有朵花和折枝梅花（图43—②、④）、竹、石榴、荔枝、慈菇、萱草纹、卷草纹等，动物类还有鹿、鸳鸯、喜鹊（图40—⑦）、仙鹤、麒麟、虎、狮、龟等。

此外，在器物上还有一些辅助纹饰，主要装饰在器物的口边和脚部，且都是二方连续的图案，景德镇湖田窑的瓷工们称作"边脚纹样"，如莲瓣、蕉叶、葵瓣、回纹、云雷纹、钱

纹、圆圈纹、云头纹（如意）、水波纹、曲折纹、波曲纹等等。

青白瓷器上的装饰图案，题材丰富，内容广泛，多来自人们生活中所熟悉和崇尚喜爱的事物，或植物，或动物，或山水人物等，或在这些基础上，加以想象而构成的形象，但终究是少数。不论何种纹饰，也不论是什么装饰形式，它不是如绘画于平面之纸，而是以生动优美的姿态跃然于瓷坯上。总之，对宋元湖田窑青白瓷装饰艺术上的特点，我们认为有几点可以特别提出：

第一，瓷艺师们对生活中的题材，并非是自然主义的摹写，而是根据具体瓷品装饰的需要，抓住不同题材的特征，用高度概括、夸张、变化的手法进行艺术处理。如在一件青白釉碗内底心，刻划一孩童戏水图案（图43—③），艺师们只用寥寥数笔就把一个体态稍胖、活泼可爱的童子戏水的动态描绘得栩栩如生，而对其五官、四肢则简笔带过。又如图39—⑤，一件青白釉碗内心刻划两条并行的游鱼，对鱼同样采用夸张变化手法，鱼身上的网纹既像鱼鳞，又似水波，恰似游鱼在江河中时隐时现和半露半藏的动势。的确，在现实生活中，我们也很难看清水中游鱼的鳞和鳍，可见，画师对游鱼的观察确实入木三分，才能如此高度概括地进行艺术处理。

第二，瓷艺师们能根据器物的用途和造型来选择不同的装饰题材和装

---

[30]　景德镇市考古研究所：《景德镇出土陶瓷》，香港大学冯平山博物馆，1992年7月。

饰部位。青白瓷器上装饰纹样的选择和取舍，首先考虑的是该器物的功能用途。一般地说，凡餐饮食器如碗、盘、碟、盏，装饰纹样多取花鸟、鱼水、水禽、龙凤纹等，人物山水等题材则较少见；而在一些瓶、尊、罐、壶等器物上，装饰的题材则较为广泛，花鸟、鱼藻、走兽、山水或人物等；如是宗教明器神煞类的纹样，则又多为四神、十二生肖、日、月、八卦和璎珞等。其次考虑的是器物本身造型的特征，如圆的器形，其图案纹饰必然是回旋的连续效果；方的器型，又多取适合纹样，以保持每个平面的独立性；瘦高的器型，纹样则多选挺拔的，或多层纹样处理；矮扁的器型，纹饰又选取能横向展开的动势。这样，器物造型的特征与图案风格才得以和谐统一。仅以北宋晚期至南宋早、中期盛行的斗笠碗来说，造型特点是坦口、斜壁、高身、小底和薄壁，给人挺拔秀丽、细致精巧的美感，而内壁拍印或刻划的流利、生动的纹样与它完全协调相融。不仅如此，纹饰的装饰部位也很讲究，瓷工们总是把主题图案装饰在器物的最显眼部位，如盘、碟、盏一定装饰在内壁或底心，很少施加在器外壁，而瓶、罐、尊、壶则一定是装饰在体腹部。

第三，繁密的多层次纹样的装饰，开了元青花及以后多层次装饰的先河。以往总认为瓷器上作多层装饰带是元代的青花装饰所奠定的，实际

上，从新发现的一些资料看，这种装饰带在宋代特别是南宋时期湖田窑的青白瓷器上就较多见。1984年江西余干县南宋绍兴二十年（1150）董氏墓出土一件青白釉刻花长颈瓶[31]，通高42.5厘米，底径12.3厘米（图41—③）。除口部稍有残缺外，余均保存完好。口微敞，长颈，溜肩，长腹壁下鼓，矮圈足外撇。通体自上而下刻饰七层纹饰：口沿下刻蕉叶纹；下刻单线云雷纹；颈部刻两只活泼可爱的跃鹿，间以灵芝点缀；肩部刻两道凹弦纹；腹部主题图案则刻缠枝莲荷纹两组6朵，并以纤细的排线纹作底饰；下腹刻一道凹弦纹；腹部最下近底部刻双线覆莲纹。即除去肩部和下腹部两层作辅助纹的凹弦纹外，尚有五层纹饰带。此器造型硕大挺拔，装饰图案布局合理，真正做到繁而不乱，疏密有致，加以各层又都有细线篦纹作地，使之更具浮雕感。

（丙）灵活多变的装饰手法

如同宋元时期湖田窑青白瓷的器类名品繁多、纹饰丰富多彩一样，其装饰工艺也灵活多变，已突破了晚唐、五代旧制，出现了如刻划、印花、剔花、镂孔和釉上加褐彩等工艺手法和装饰方式。

（1）刻划

刻划花是"刻"与"划"两种不同的工艺过程和处理手法。由于宋元时陶瓷上的刻划花在艺术处理上往往既"刻"又"划"，同时并用，很

难分开，因此，一般统称为"刻划花"[32]。它是宋元时期湖田窑最常见的青白瓷胎体上的装饰技艺。

刻花，是用刀具（或竹或铁质）在半干半湿的瓷器坯体上刻出线条或图案，最常见的方法是采用斜刀进入，沿着图案的外轮廓线下刀，结果形成内深外浅（或说一边深一边浅）的斜坡状，这种方法，景德镇的瓷工们俗称为"半刀泥法"。施釉烧成后，由于刻划痕迹的深浅不同，使釉料的填充厚薄不匀，因而其釉色也浓淡不同，深厚者釉色浓呈青绿，浅薄者釉色淡而呈青白。釉与花纹相互衬托，相得益彰，使秀美的花纹更加生动，富于变化，借以达到浅浮雕的艺术效果。

划花，一种情况是用竹扦或铁针在半干半湿的瓷胎坯体上划出线条或花纹，常见的如卷草、枝叶、花蔓等，其线条纤细匀称，划痕较浅，如湖田窑址曾出土过一块青白釉瓷片，上面就锥划有卷草纹图案（图43—①）。另一种情况是用梳篦齿器在坯体上划出排状的纹饰，常见的如水藻、波浪、云气等线条，其划线运力均等，等距有序。

刻与划多同时并用于一件器物上，刻花多用在刻出图案的轮廓线，使形象凸起，形成阳纹效果；划花则常用于图案的细部或地纹的刻划，形成阴刻效果。广东省博物馆藏有一件南宋青白釉刻花弦纹梅瓶，从胎质洁

[31]　彭适凡、杨厚礼、范凤林：《宋元纪年青白瓷》，庄万里文化基金会出版，1998年版。
[32]　张学文：《宋代刻划花艺术》，《景德镇陶瓷》，1987年第2期。

白、釉色青翠、莹润如玉诸特征看，显系景德镇湖田窑的产品。而且，从装饰工艺看，它就是一件集刻、划（包括锥划与篦齿划）工艺于一器的典型：颈部施凸弦纹一道；丰肩部用深而宽的斜向刀刻法，刻出缠枝莲花图案一周，然后在叶瓣上用锥状器划出花叶筋脉，又用梳篦齿器在莲花之空间划出浅细的排状形地纹；腹至足部，再用锥状器乘坯体在陶轮上旋转时，划出等高平行的重弦纹。全器肩部的缠枝莲和腹足部的双线重弦纹，主题纹饰突出，布局合理，相互协调，加以刻与划装饰手法的兼用，刀笔熟练，线条流畅，大大增强了纹饰的立体感，使器物造型显得更美。

在刻划工艺中，值得注意的是必须严格掌握坯胎的干湿程度，太干容易崩裂，太湿又易拉刀，都会影响刻划纹饰的流畅。

（2）印花

印花工艺，主要指两种，一种是指用刻有装饰纹样的瓷质用模，在尚未干透的瓷坯上拍印出花纹和文字；另一种是用刻有纹样的模子（或称范）制坯，直接在器坯上留下花纹，景德镇人俗称为"拍死人头"。这两种技法统称为印花。

北宋早、中期景德镇窑青白瓷的印花装饰工艺中，曾流行过一种阴纹的印花工艺，也就是说，其印模的花纹必定是凸起呈阳纹，如早年湖田窑址就曾出土过北宋青白釉阴印"酒"字盏的残片，口径14厘米，高5.2厘米（图44）。在其盏心阴印有朵梅，梅心阴印一楷体"酒"字。这种印花工艺在湘湖、柳家湾等窑址也常有发现。

到北宋末特别是到南宋中、后期即13世纪以后及至元朝，随着装烧工艺中仰烧器的减少，支圈组合覆烧法的广为盛行，随之而来的是大量阳纹印花图案的出现。由于瓷器是采用支圈覆烧的方法，这就要求器物的口径必须一致，自然在成型工艺上也就必须用同一规格的模具。南宋的瓷工们采用单模拍印法，即把炼好的胎泥覆于刻有阴纹的范模上，用手拍打，在拍模成型过程中，便同时印出阳纹图案，只是此类纹样均在碗、碟、盘、盏一类圆器的器物之内壁。南方青白瓷的印花工艺多模仿北方定窑，但其印花纹之阳线纹却不如定窑那样清晰。

（3）剔花

瓷器装饰技法之 的剔花，有留花剔地和留地剔花两种。一般是在敷有深色化妆土的坯体上绘出花纹，然后用刀具将花纹外的空间或花纹本身部分的化妆土剔去，露出胎色，再施透明釉烧成。

青白瓷器的剔花技艺，常见的多是留花剔地，即在已绘好纹饰的瓷胎上将花纹以外的坯体用刀减地剔除，使花纹凸起，有浮雕感。这种技法当是受到宋·李诫《营造法式》建筑雕刻中所谓"剔地起凸法"的影响而产生的。景德镇市郊南宋墓曾出土一件青白釉剔花花卉纹梅瓶，其剔花等装饰技艺过程是：瓷工首先在梅瓶的坯胎上起稿绘好缠枝花卉图案的轮廓线，这一步，景德镇瓷工们俗称"打图"；然后用刀具将花纹轮廓线外的

图44.阴印"酒"字盏残片

坯体剔去，露出素胎，使花纹凸起；再用梳篦齿状器在凹下的坯体空间划出排线形地纹；用刀具分别刻划出缠枝花茎和花叶经脉。整器集剔、刻、划等装饰手法于一器，堪称为青白瓷器装饰艺术之杰作。

（4）镂空

即镂花，又称透雕或镂雕。按设计好的图案，将瓷胎镂成浮雕状或将图案外的空间镂空雕透，称为镂空。主要是在一些炉、灯、盏的座和瓶足、盏托足壁以及盒、炉的盖上、枕的四面，挖出圆形、方形、菱形、六方形、环形、椭圆形等不同形状的孔洞，既有实用的需要，又富于装饰美。1957年上饶市南宋建炎四年（1130）赵仲湮墓出土一件青白釉镂空香熏（有的称熏炉），其圆形隆起之盖上就镂雕出缠枝牡丹纹。该香熏设计新颖，小巧玲珑，盖又缕空装饰，既起到了排气的作用，又显得其制品的轻盈灵秀，精巧美观，给人以极强

的视觉美感。

（5）贴塑

即贴花，又称堆贴、堆塑或印贴花。即先以胎泥为原料，采用模印或捏塑等方法，制成各种单独的花纹图案，而后用泥浆粘贴在瓷器坯体上，这种技法称为贴塑。如景德镇东郊古城舒家庄北宋治平二年（1065）舒氏墓出土的一件青白釉执壶，其短流的根部就用泥条贴塑一个五瓣蝴蝶结纹。又如1963年北京崇文区元墓中出土一件青白釉串珠纹玉壶春瓶[33]，其颈部用小光珠串联粘贴成覆钟式图案；肩部压印一周变体雷纹；长鼓腹部施主题纹饰，系分别于上下各用小光珠串联成仰、覆如意云头纹，如意纹中又分别在上下各用小光珠的装饰组成"寿比南山"和"福如东海"两句八字吉祥语，腹下近底部四周则贴塑折枝梅花图案。此器装饰巧妙，风格独特，是青白瓷贴塑装饰技艺的发展和变化，也是元代青白瓷贴塑等多

种装饰技艺的代表作。

值得注意的是，元初景德镇的瓷艺匠师们还首创一种罕见的青白釉下贴花装饰[34]，如湖田窑址曾出土一块青白釉碗的残片，残片长9.9厘米（图45）。其内壁和底心用胎泥薄片、薄条制成花瓣缠枝纹样，再平贴在胎上罩釉烧成。这种釉下贴花和前面介绍的剔地起凸的浅浮雕装饰以及用胎泥在胎上堆塑图案，既相似又不同，它犹如剪纸贴花一样，很富有民间乡土气息，所以，它是元代景德镇湖田窑瓷工对釉下贴塑工艺技术的创新和发展。

（6）釉上加褐彩

褐彩是一种以铁为主要呈色剂的彩料。根据有关自然科学家的测试资料，釉中铁含量在1%~3%时，釉色应显漂亮的绿或青绿色，当含量升高到4%~8%时，釉色则转变呈褐、赤褐或暗褐色。瓷器中褐彩的装饰最早始见于三国，西晋晚期到东晋时期广为

图45.青白釉下贴花碗残片

[33] 国家文物局：《中国文物精华大辞典》(陶瓷卷)，香港商务印书馆、上海辞书出版社联合出版，1993年版。

[34] 景德镇市考古研究所：《景德镇出土陶瓷》，香港大学冯平山博物馆，1992年7月。

盛行，隋、唐、宋、元时期全国各地不少窑口也都烧造褐彩瓷品。从历代产品来看，褐彩图案有釉下和釉上两种，它们都是相互交错使用，但从总体看，以青瓷的釉上彩为多。

宋元时期湖田窑青白瓷的褐彩装饰也是釉上加彩，即在已挂釉的青白釉坯体上再加施褐色料，这种褐色料可能是一种经过精制过的田泥，故呈色褐黄，间泛青白釉底色。青白瓷上的褐彩装饰在北宋时期较为盛行，它主要施于各种瓷雕以及罐、盒、渣斗、枕等器物上，其施彩的部位，瓷雕多在人物的衣褶及鬓发和人物与动物的眼睛、耳、鼻、背等处，器物的部位则多在肩部、口沿或在全器点饰。景德镇市郊新平洋湖毛蓬店群众曾挖出一座北宋夫妇合葬墓，男女墓中各出土一套青白瓷俑和"明器神煞"，女墓中的那套青白瓷俑则都加施褐彩。以其中十二生肖俑为例（已残失两件），均头戴平顶帽，帽额正中饰一"王"字，颜面宽硕，五官大方，粗眉下的双目向前注视，面似带点微笑，流露出庄重、安详的神情。各俑的双手分别捧十二生肖动物头部（牛、虎、龙、蛇、马、羊、猴、鸡、狗、猪，缺鼠和兔）于胸前，俑内着左衽衫，但在青白釉层上则用线形平涂的方法将褐色的条彩绘出每俑身披圆领宽袖长袍，彩袍曳地，前露一双尖靴，立于一八方扁型座上。有的十二生肖动物头部也稍加点彩。不言而喻，瓷工们运用这种低廉的彩料，在纯净、莹润的青白釉上加施浓重淳厚的褐色调，甚至在人物俑上彩绘出衣褶服饰，这就极大地显现出其美丽的色调艺术效果也大大增强了其形象的真实性和朴实的装饰美，也并创了景德镇彩瓷艺术之先河。

（二）湖田窑青白瓷的烧造工艺

烧造技艺的研究是陶瓷史研究的重要组成部分，因为只有搞清楚这些精美的瓷器是怎样烧制的，是用什么劳动手段生产的，才能真正揭示出其中的奥秘，才有可能了解我国古代劳动群众在生产和科学实验中创造的先进技艺，才有可能全面而真实地揭示出我国瓷器发展的演进过程。不仅如此，加强对陶瓷工艺的深入研究，掌握历代烧造工艺过程中的方法和特点，对于今天我们鉴定和识别陶瓷的年代和真伪也有着十分重要的意义。

关于湖田窑宋元时期青白瓷的烧造工艺，早在南宋后期，蒋祈在《陶记》中就曾这样描述过："或覆、仰烧焉。陶工、匣工、土工之有其局；利坯、车坯、釉坯之有其法；印花、画花、雕花之有其技，秩然规制，各不相紊。"所谓"秩然规制，各不相紊"，正反映了自北宋以来以湖田窑为代表的景德镇瓷业生产从拉坯成型到最后烧造成器就已有一个较为规范的系列工序，而且分工明确，各不相混。从考古发掘资料看，几十年来考古工作者在湖田窑揭露了大批制瓷作坊和窑炉等遗迹，如1995年在A区不大的范围内就揭露有房基、路面、水沟、淘洗池、蓄泥池、练泥池、陈腐池、凉坯台、轮车基座和釉缸等大批作坊遗迹，保存较好，布局有序，且连成一片，无论从整体规模抑或制瓷工艺流程等方面均在一定程度上再现和复原了湖田窑宋元时期制瓷的真实面貌，也从考古学上证实了蒋祈《陶记》所载景德镇制瓷流程和状况的真实性。

（甲）瓷石原料的炼制

陶瓷器的烧制，首要的工序就是器物的成型。随着时代的发展和进步，其成型的方法也不断地变化和进步。在距今约1万9千年至2万年前早期原始陶器刚发明的时候，如江西万年仙人洞和吊桶环以及湖南道县玉蟾岩遗址的原始居民，最早是用泥片贴塑法成型，稍后用泥条盘筑法。此后这种泥条盘筑法，成为中国古代陶器成型的基本方法，延续时间达万年之久。

陶器是用一般黏土烧成，而瓷器则无疑是由瓷土烧成。景德镇宋代青白瓷是由浮梁县境南河和小南河一带产的一种瓷石矿炼成"石泥"作为原料而烧就的。所不同的是，北宋时期的瓷胎采用的多是表层的瓷石矿，即质量好的所谓"高温瓷石"，而到南宋时期，特别是中期以后，上层瓷石矿几已采尽，则以采质量较次的中下层瓷石为主。元代的瓷胎则不是用瓷石一种原料制作，而是采用瓷石加高岭土的所谓"二元配方法"制胎。瓷器在成型之前，必须有一个原料的开采和陈腐、炼泥的过程。

宋代景德镇对瓷胎原料的制炼，虽目前尚未见有文献载及，至今也未出土很多相关的遗迹，但根据后来的有关史料，我们可以作如下的推论：在山涧溪水旁，村民们利用流水落差做动力，装置大大小小的水轮车和水碓，这些水碓一般都装在一椽茅草屋中，水轮在清亮明澈的溪水的冲击下，带动着一个或多个水碓。当民工将瓷石矿开采出来后，将其运送到这里，倒入碓中不停地进行锤打，直到将坚硬的瓷石打成粉末为止，然后经初步淘洗沉淀并做成一块块砖状的不（与墩同音，景德镇的土语）子，这样既有利于计算又便于运输。

但是，这种已做成"不子"的"石泥"原料还不能直接用来成型，还必须有一陈腐和加工炼制的工序，这一工序当然是在窑场和其他烧瓷工序连在一起进行的，方法一般都是用砖块（偶尔亦用饼状匣钵）砌成长方形（少数正方形）池子即所谓储泥池和炼泥池，底部都用地砖铺砌，先将瓷石"不子"搬至炼泥池底板上，拌水使"石泥"变得柔软，目的就是促使淘洗后的泥料氧化、水解反应及有机物的腐烂。陈腐后的泥料，还需新一步炼制，其方

法当时主要是用双脚反复上下踩压，使之呈一片一片花瓣状，或用木铲多次反复翻打，将石泥原料中的空气完全排出，使其密实，不致于在窑室高温中炸裂。经过这样反复多次的炼制后，才可用来制坯成器。

元代时，由于开始采用瓷石加高岭土的所谓二元配方法制胎，所以在炼泥过程中，必须将两者合二为一进行陈腐和炼制。据景德镇陶瓷考古学者的模拟实验结果，大体为75%的中下层瓷石加上25%的高岭土，就能配成和元代瓷胎的化学组成相近的原料[35]。20世纪90年代中期，江西省考古工作者在湖田窑板栗园发掘了一组制瓷作坊遗迹[36]，仅属元代的炼泥池和储泥池就有10余个，可见瓷胎原料陈腐和加工炼制的重要性。这批泥池中，其四壁及底部除一个用饼状匣钵叠砌外，其他都是用青砖铺砌。

很值得注意的是，其中有5个大小不同的泥池(F3、F4-F5、F6、F15、

F18)连在一起，它们既相对独立，又有机地构成一组完整的陈腐和炼制瓷胎原料的工艺流程，故考古工作者命名为"五联池"（图46）。5个泥池中，除F3为基本正方形外，余均为长方形。它们都是用青砖砌成，泥池底板也是用青砖交错平铺或砌成回形纹，一般底砖规格略小，四壁的青砖略大。它们的功能分别是炼泥和储泥（陈腐），有的池子中至今仍遗留有白中偏黄色的瓷土，那应是瓷矿石的"石泥"料；有的池子遗留的瓷土却呈白中偏红色，则应属高岭土，储高岭土的池子较小，而储瓷石的池子一般都较大。F4是这批泥池中最大的一个泥池，长方形，长3.20米、宽1.75米、深0.36米，然而又在其东南部用较大规格的青砖把池子砌隔成一较小又相对独立的池子即F5，但实际上F4和F5为一个有机组成单位。令人玩味的是，两个池子留存的瓷土颜色明显有别，F4的呈白中带黄，而F5的则为白

图46.炼泥和储泥的"五联池"

图47.用来配料或炼泥的青石板

[35] 刘新园 白琨《高岭土史考》，《中国陶瓷》，1982年第7期。

[36] 承1995年度湖田窑址考古发掘主持人杨军先生提供。又见《景德镇湖田窑址》(上)，文物出版社，2007年版，第32页至35页。

中偏红色，也就是说，大的池子装的是瓷石，而分砌出来的小的泥池装的是高岭土，联系到前已述及的元代瓷胎的二元配方法，大体是瓷石的75%加高岭土的25%进行搭配。现通过考古发掘，这种二元配方比例，在发现的一些对瓷土加工炼制和储泥的考古遗迹中也得到了充分有力的证实。至于元时炼泥的方法，当也应是将瓷土搬到炼泥池底板上，用木铲翻打，或用足踩。在发掘F6泥池时，发现其上覆盖有一块长约92厘米、宽约40厘米、厚0.7厘米的不规则青石板（图47），当也可能是用来配料或炼泥甚是揉泥的相关遗物。

（乙）成型工艺与方法

陶瓷的烧造，一个重要的工序就是器物的成型。随着时代的发展和进步，其成型的方法也在不断地变化和进步。在距今约两万年前原始陶器刚发明的时候，如江西万年仙人洞和吊桶环遗址的原始居民，最早是用泥片贴塑法成型。到新石器时代晚期，较普遍采用轮制法，即用简单"辘轳"，然后用手拉坯成型，坯体上留下不少轮旋痕线，最典型的如龙山文化的黑陶器制作。此后这种辘轮法成为我国历代陶瓷成型的最常见方法之一。

宋元时湖田窑青白瓷的成型方法主要是轮制拉坯，也即手拉坯成型法，或称"辘轳法""转轮法"。拉坯用右旋辘轳，所制产品多为圆形器。辘轳，古称陶钧，又称坯车或陶车，是陶瓷成型过程中拉坯、利坯的机械工具，由车盘、机轴等部分构成，坯车"车如木盘，下设机轴，俾旋转无滞，则所拉之坯，方免厚薄偏侧，故用木匠随时修治。"（唐英《陶冶图说》）轮车的车盘和机轴常用木做，可随时修理，防止旋转时发生障碍。制作时，将泥团掷搭于车盘中央，拉坯者坐在车架上，用短竹棍或木棍拨动车盘向右转动，利用车盘旋转的动势，双手按泥，随手的屈仰收放，以定圆器之款式，这叫"拉坯"成型。在拉坯成型过程中，利用双手内外推压的拉力，可以控制器型的高低、厚薄及形状，有的器型，如瘦高的梅瓶，是要分段手工拉坯接合成型的，因而在其坯体表面，常留有手拉凹凸旋转的痕迹。待湿坯稍干后，又在坯车上用板刀修整、定型，使之规整，这叫"利坯"。景德镇湖田窑的宋代青白瓷器之所以器壁薄腻规整，器型挺拔精巧而冠绝群窑，就是因为利坯这一工序极为严谨，技艺相当娴熟。拉坯、利坯都需在辘轳车上进行，因此，辘轳车是古代手工制瓷最重要的成型工具。湖田窑址的历年发掘中，也经常发掘出辘轳车遗迹，只是车盘、机轴等部件因是木做的不复存在，只保留了"O"字形坯

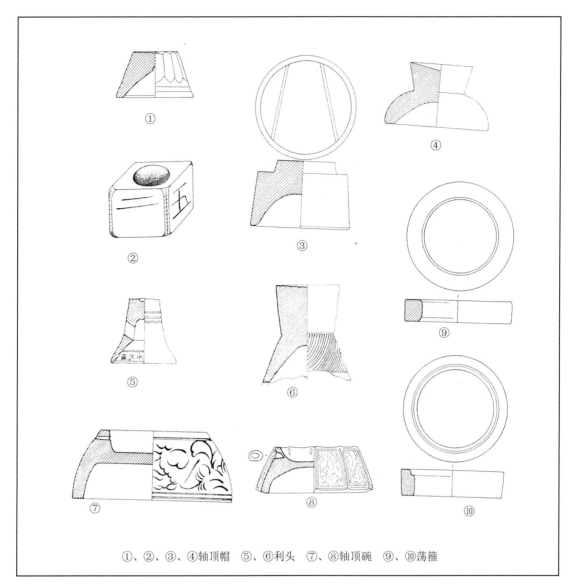

①、②、③、④轴顶帽　⑤、⑥利头　⑦、⑧轴顶碗　⑨、⑩荡箍

图49.制瓷工具

车基脚遗迹（图48）。

　　此外，在湖田窑址历年的发掘中，还出土有不少制瓷窑场中使用的坯件成型工具，包括一些陶车上的部件等，如轴顶帽、轴顶碗、轴顶板盏、利头、子、母范和拍等。

　　轴顶帽　这是陶车上的一个关键部件，整体呈帽状，底面内凹。依其截面外体可分为梯形（图49-1）、正方形（图49-2）、阶梯形（图49-3）

和上梯下圆（图49-4）等多种形制。一般都顶面较平，底心有一圆锥形凹窝，凹窝内壁施青白釉，使其光滑，底和外壁无釉。把其固定在转盘中心，让凹窝顶在轴心上，就可以使转盘灵活转动。

　　轴顶碗　器形较大，当是大型辘轳车上使用的部件。整体呈扁平覆碗状，多数顶面内凹，少数平坦，底面内凹较浅，多数内外壁施釉，甚至有

的还饰有花纹。有的顶部或其腹壁置有一、二个圆孔。依其平面形状的不同可分为圆形（图49—7）和多边形（图49—8）两种。

　　利头　这种器类，过去多称之为"垫座""支座"或"支烧具"，即将其视为放置于窑炉中支烧器皿的器具。随着湖田窑考古工作的深入，江西省考古学者依据大量出土资料并参照景德镇古窑瓷厂的制瓷技术，考证

图50."政和七年"铭瓷质利头

出实际是一种置于陶车轮盘上，可以自由装拆移动，用于利坯或挖足时承托器物之用，即当今景德镇人称之为"利头"的工具[37]，其功能与明代《天工开物》之陶车上的"木桩"相同。据考古发掘资料，整体为瓷质喇叭形座形器，上部呈圆柱状，下部呈喇叭形或圆锥形，但细分大致有三种：一式，顶平，中空，上体较直，下体喇叭形外张。1988年湖田窑址出土一件利头，瓷质，涩胎，外部旋削刀痕明显，并刻有"政和七年二月初五日具惠口计口""吴六郎"铭款。这是湖田窑窑址发现的较为完整的、在同一件器物上有确切纪年款和人名款的"利头"（图50）；二式，上下两端中空，中间封闭不通，上腹呈圆柱状，下腹呈圆锥状。20世纪90年代末对湖田窑址H区发掘时[38]，采集一件带铭记款识的"利头"，表面釉呈青白绿釉，釉面开冰裂纹。顶、底中

空、中间实心。顶微残，外壁弧曲，近顶处饰数道凹槽。器身中部偏下有一穿孔。底内壁环刻"壬戌腊月中旬置李"铭记。底径13厘米、残高9.45厘米（图49—5）。三式，顶平，腹上部呈实心圆柱状，下腹呈喇叭空心状。腹中部尚见两个对称圆孔[39]。如99H·T3①：11，灰黑色胎，素面无釉。顶径7.6厘米、残高11.5厘米（图49-6）

荡箍 辘轳车上的附件之一，与轴顶帽配套。平面呈扁薄圆环状，中空。根据断面形状可分为两式，一式的横截面呈长方形（图49-9），二式的截面呈阶梯状内收（图49-10）。且多施青白釉，外腹壁无釉，但多饰数道弦纹。一般口径约8~12厘米不等，高2~3厘米不等。此种荡箍，是套在陶车轴下的一个瓷质圆箍，故箍内必须施釉，是陶车旋转的重要部件之一。

此外，宋元青白瓷的成型工艺，

特别是南宋中期以后，还有一部分采用模印成型法，除一部分圆器以外，主要是用于不规则器型的制作，如各种雕塑、瓷枕等非圆器的一些琢器。所谓模印法，就是将瓷泥装填在模子内制坯成型的一种方法。模子是根据不同器型进行制作的，有的模子还在内壁上刻上所需的花纹图案。用模子成型的器皿，器型一致，工效也高，但花纹不甚清晰。

（丙）窑炉的结构

烧窑是陶瓷生产过程中最重要的制作工序，窑炉是烧造陶瓷的最基本设备，而窑具又是陶瓷烧造中必要的工具。中国陶瓷的发展历史告诉我们，每一次陶瓷所经历的质的变化和进步，都与窑炉和窑具的不断改进分不开。几千年来从制陶发展到原始瓷器再到成熟瓷器的烧制，在这一漫长过程中，随着窑炉及相关窑具的不断改进，烧造工艺也在不断地发展变化。

[37] 徐长青：《湖田窑出土的喇叭形座形器考》，《文物》，2001年第2期。

[38] 江西省文物考古研究所等：《江西湖田窑址H区发掘简报》，《考古》，2000年第12期。

[39] 江西省文物考古研究所等：《景德镇湖田窑址》（上），文物出版社，2007年版，第400页，图三四九，6。

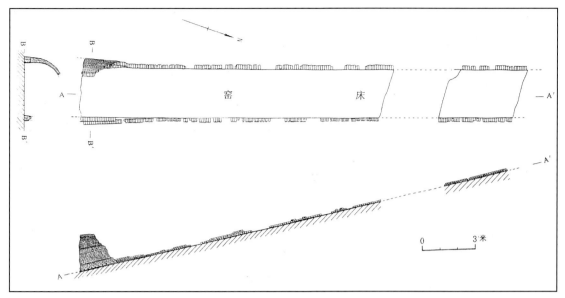

窑　　　床

0　　　3 米

图51.南宋龙窑平剖面图

景德镇所处的赣东北地区烧造陶瓷历史极为悠久，远在2万年前的万年仙人洞与吊桶环期遗址中就已能烧制出原始陶器，只是那时的烧陶，既没有窑炉也没有什么窑具，采用的是平地堆烧的办法，就是把用贴塑法制好的陶坯稍作晾干后，放在铺满柴草的地上，然后在陶坯周围架满柴草，使其燃烧。正由于平地堆烧，没有窑炉，所以不可能达到高温，其成品的烧成温度大约在700℃～800℃左右，又由于受热程度不同，使陶制品器表甚或胎内外呈色不一。到距今五六千年的新石器时代晚期，才开始有挖穴的窑炉——竖穴窑和横穴窑。到距今约3000余年前的商代，在我国南方一些地区不仅能烧制火候达1100℃～1200℃的几何印纹陶器，还开始烧一种原始青瓷。在江西樟树的商代吴城文化遗址中，还发现了一条

用来烧造印纹硬陶器和原始瓷器的早期平焰龙窑[40]，这是目前国内发现的时代最早的一条平焰龙窑窑炉。近年来在江西鹰潭角山商代窑址中也发现平焰龙窑。平焰龙窑的出现，是陶瓷窑炉烧造技术和工艺的一大进步。秦汉以降，在南方地区，这种平焰龙窑发展到坡度加大、窑身加长的龙窑，其龙窑窑炉一般都是依山坡或土堆倾斜而建，即呈长方形倾斜砌筑，它的最大优点是升温快，降温也快；可以快烧，也可以维持烧造青瓷的还原焰，所以，我们说龙窑是青瓷的摇篮。

自商代晚期发明龙窑起，到东汉时期成熟的青瓷器烧造成功，一直到元代，南方的各产瓷区较多使用的都是龙窑。

以湖田窑为代表的景德镇青白瓷系的烧造窑炉也主要是龙窑。据历年

来考古工作者的调查与发掘资料，宋元时期景德镇的龙窑多沿山坡而建，其窑身长短不一，一般都在20～40米不等，窑室宽多为2米左右。宋·蒋祈《陶记》中说："窑之长短，率有魃数，官籍丈尺，以第其税，而火堂、火栈、火尾、火眼之属，则不入于籍。"这里，蒋祈所讲虽是有关政府按照窑炉的长短容量来确定其应缴的税额问题，但实际上已大抵勾画出宋代广为流行的龙窑窑炉的形体结构，有火堂（膛）、火栈（火道）、火尾、火眼（即窑门，投柴孔）等。

景德镇考古工作者早年在丰旺窑址调查时[41]，就发现一北宋中后期的龙窑残迹，斜长达30米许，窑室宽1.87~2.2米，窑头小，中腹大，窑身长。

在湖田窑址历年的发掘中，更发现有多处龙窑，如1978年在乌鱼岭东

[40]　李玉林《吴城商代龙窑》，《文物》1989年第1期。

[41]　江建新：《景德镇窑业遗存考察述要》，《江西文物》，1991年第3期。

坡发掘的一座[42]，毁损较为严重。窑随山坡修筑，全长仅13米，宽约2.9米，窑壁残高0.6~0.8米，坡度为14.5度。窑尾在坡上，尽头有一烟道，宽0.4米，残高0.3米，残长0.4米，坡度25度。窑床内堆积物有三层：上层为黑釉和白釉残器，即元代产品；中层为坍塌下来的窑砖；底层即窑床出土器物为覆烧支圈和黄褐釉芒口碗、盘。说明该窑为宋末元初之龙窑。

1997年，在乌鱼岭西南发掘出一座龙窑[43]，窑炉前半段保存较好，其余破坏严重，窑尾无存。窑身残长25米，窑宽2.85米，局部残高2米，窑床倾斜12.56度，窑身方向340度，窑头南偏东(图51)。窑壁用青砖砌成。窑砖长25厘米、宽12厘米、厚7厘米。窑炉内前半部残存有高达1米的砂粒层。从窑炉内出土的碎瓷片观察，该窑废弃的年代当为南宋早期。

21世纪初江西省考古工作者在对湖田窑南河南岸元明时期窑业区进行发掘时，又发掘出一座龙窑[44]。该龙窑残长22米，宽3.4米，窑头及窑尾均残，窑头朝东北。窑床坡度15度。窑壁残高70厘米（图52）。两侧建有用匣钵残片砌成的窑炉护墙，窑炉原有窑棚，并盖有棚瓦。窑炉内堆积出土

了卵白釉筒瓦、白釉瓦当、釉里红凤纹滴水、元青花瓷片、黑釉高足杯和较多的元代青白釉饼足碗等，说明这是一座典型的元代龙窑，是新中国成立以来清理的第一座元代龙窑，也是目前国内发现的保存最为完好的烧造元青花的龙窑，可以想见发现意义之重大。

湖田窑的历年发掘中，除发现龙窑之外，尚发现有多座马蹄形窑和葫芦形窑，分属于五代、元代和明代。如：

1996年发掘一座马蹄形窑炉[45]。该窑由窑门、了火膛和窑室组成，为半倒焰式窑。全长5米、宽2.6米、残高

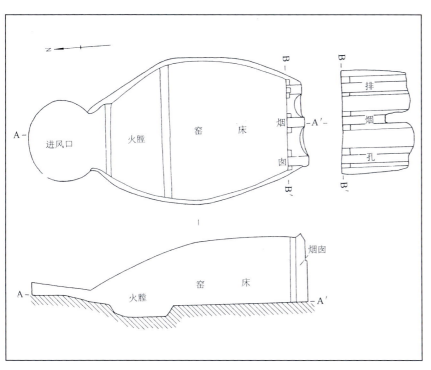

图53.五代马蹄形窑平剖面图

图52.元代烧造青花瓷器的龙窑

[42] 刘新园：《景德镇湖田窑考察纪要》，《文物》，1980年第11期。
[43] 江西省文物考古所等：《景德镇湖田窑址》(上)，文物出版社，2007年版，第47页。
[44] 徐长青 余江安：《湖田窑考古新收获》，《故宫博物院院刊》，2004年第2期。
[45] 江西省文物考古所等：《景德镇湖田窑址》(上)，文物出版社，2007年版，第42-43页。

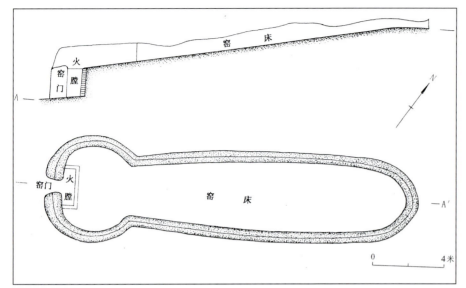

图54.元代葫芦形窑平剖面图

图55.明代马蹄形窑炉

1.2米，方向175度。窑壁及顶部由黄土筑成，内壁抹涂耐火泥，呈灰褐色。窑门已残，宽约1米。窑门前有一工作面，工作面前端有一平面呈壶形的圆坑，低于工作面0.22米，应为窑炉的进风道。火膛呈梯形，宽1.26~2.29米，低于窑床0.19米。窑床也呈梯形，长2.06、宽1.62~2.38米。窑床底较平。窑室后部保存较好，后壁有烟道三条

（图53）。窑内废弃堆积较厚，出土有大量青瓷唇口碗等，依据出土物特征，发掘者推断为五代时期的窑炉。

1979年在南河北岸的印刷机械厂内发掘一座窑炉，平面呈葫芦形，是龙窑向葫芦形窑过渡的最初形态，故有的又称瓢形窑[46]。全长21.1米，分前后两室，前室较短，仅长4.1米、宽4.5米，初具葫芦形状，后室较长，达17

米，最宽处3.75米，仍具有龙窑窑身的特征。窑壁残高0.61~1.2米。窑床倾斜12度（图54）。窑身用耐火土掺废弃的组合式支圈窑具建造。全窑采用匣钵装烧。窑内堆积中出土有卵白釉折腰碗、高足杯及少量元青花瓷片。从出土物判断，该窑废弃的时代当在元代后期。

1977年在湖田窑的中心地带即

[46] 原资料发表在《文物》1980年第11期《景德镇湖田窑考察纪要》一文，后经江西省文物考古研究所重新对该窑炉进行清理并测绘，见《景德镇湖田窑址》(上)，文物出版社，2007年版，第45页。

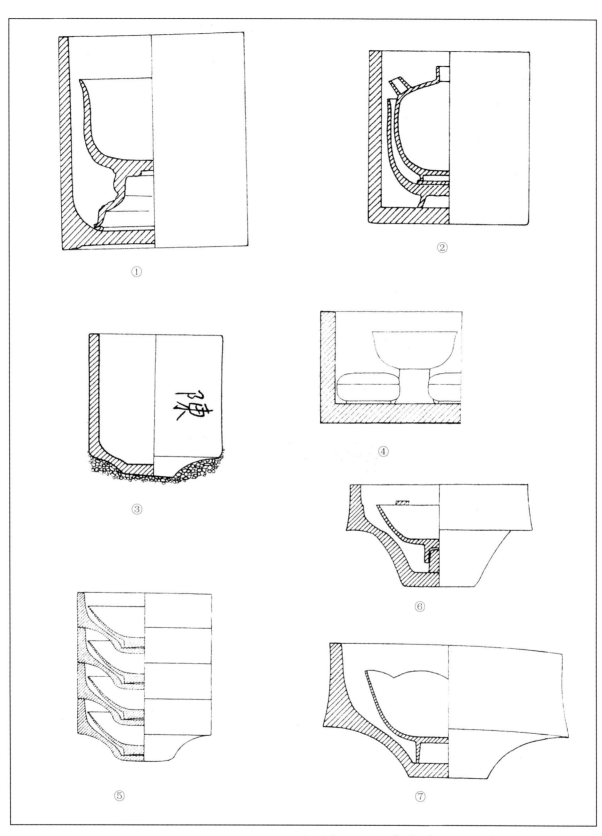

图56.窑具之一：匣钵　①、②、④　桶状匣钵　③、⑤、⑥、⑦漏斗形匣钵

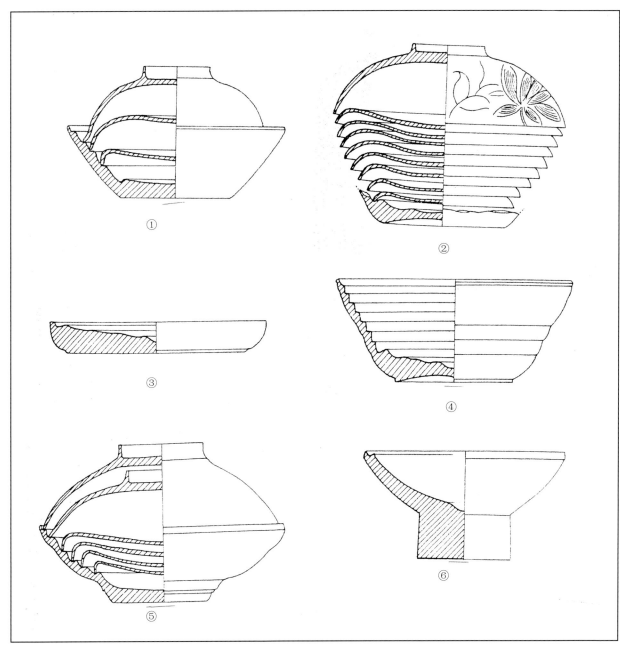

图57.窑具之二：垫钵　　①平底式　②平底内凹式　③腹壁较直式　④腹壁斜直式　⑤腹壁圆弧式　⑥高圆柱状实足式

图58.垫饼烧造遗留之痕迹

乌鱼岭山上清理出一座窑炉[47]，为半倒焰式窑，人们通称之"乌鱼岭马蹄窑"。整窑用窑砖砌成。全长4.3米、宽3.6~3.2米。东、后壁残高2.3米。窑门朝向正北，门宽0.7米，门前储灰坑呈外"八"字形，底部低于窑室0.66米，最宽1.5米。火膛呈半月形，最长2.72米，深0.66米。窑床宽1.94米，长2.72~2.5米。窑尾有烟道6个，后烟囱两个。中间四个烟道为长方形，两侧两个为半椭圆形。后面烟囱为长方形（图55）。窑内出土物百分之九十为素面青白釉高足杯，尚有少量青花松竹梅弧壁碗等。依据出土器物，发掘者推断其为明成化、弘治时期的窑炉。

（丁）窑具与装烧方法

（1）窑具

在陶瓷烧造过程中，当瓷坯制成后，在入窑装烧时需要一些能够用来确保陶瓷安全、完好烧成的各种辅助器具，这些器具统称窑具。当瓷器烧成后，虽然有一些窑具可以重复使用多次，但大部分辅助性窑具烧过后就没有用了，连同烧坏的次品、废品变成所谓"工业垃圾"堆积于窑址中，有的如废弃的匣钵在当时就被用来砌筑护墙、路面和墙基等，这在湖田窑址的历次发掘中都时有所见。青白瓷窑的窑具种类较多，最主要的是装瓷坯用的匣钵，此外，尚有各种能够支垫支撑瓷器的用具以及有关试火、试

釉用的材料器具等，具体有匣钵、匣钵盖、匣钵垫、垫饼、支圈、垫环、泥照、火照以及窑砖等。

匣钵 是置放坯件的窑具。根据新的考古发掘资料，早在1600多年前的东晋晚期，江西丰城洪州窑就已能用匣钵装烧器物，这是我国迄今为止发现的最早使用这一先进工艺的窑场[48]。匣钵窑具的使用，首先，可以避免烟火直接接触坯体和窑顶落沙对釉面的污染，确保釉面光洁；其次，使坯体在窑室内受热均匀，借以提高产品质量；第三，由于匣钵胎体厚实，承重能力强，叠摞不易倒塌，故可以充分利用窑室竖向空间，扩大和升高窑室，增加装烧量；第四，特别是用来装烧一些琢器如罐、灯、炉和瓷枕等，因这类器物制作工艺较繁，一旦烧造过程中损毁，费工费时，浪费极大，若采用匣钵装烧，就可以减少破损，提高成品率。其使用方法是将坯件置于匣钵内，层层相叠，置于窑炉中烧造。景德镇湖田窑发现的匣钵，总的可分为两大类即桶形匣钵和漏斗形匣钵[49]。不同类型的匣钵装烧不同形制的瓷器。桶状匣钵整体呈圆桶状，只有高矮大小各异，有的直径小于高度（图56—1），有的直径大于高度（图56—2），还有的两者基本相近（图56—4），一般均为紫色胎，外壁多施黑褐色釉，也有的为酱褐色或灰青色釉。桶状匣钵一般多装烧瓶、

罐、灯、炉之类的琢器。漏斗形匣钵整体呈漏斗形，方唇，凸底，但底部外凸的深度不一，整器高度与凸底的高度比例也不一（图56—3、6、7），外腹壁也多施有厚薄不一的酱褐釉，从湖田窑出土标本看，发现不少有多件漏斗形匣钵粘连在一起出土（图56—5）。从出土残件标本看，青白釉碗、盏、盘、大盘、黑釉颈、卵白釉碗、高足杯以及青白釉小杯、小盏等都用此类漏斗形匣钵装烧，器物与匣钵间采用圆形垫饼间隔。

垫钵（或盘） 是一种内壁分作数级的上大下小的盘或钵状物，多由瓷泥做成，也有硬陶质的。是北宋晚期至南宋早期湖田窑覆烧窑具。由于垫钵在外形上近似于匣钵，所以人们很容易把它误认为是匣钵，实际它是用以扣置碗坯的钵（盘）状物，具体方法是将坯件翻转过来，覆扣在垫钵上，从下到上依序为从小到大，装烧的器物为1到12个不等，然后置于桶形平底匣钵内入窑烧造，所以它是一种与桶形平底匣钵配套的覆烧辅助窑具。用这种垫钵方法烧造的碗类只能是低矮圈足，而不可能是高圈足，腹壁也必须外敞变矮，变直。湖田窑出土的大量垫钵，有平底（图57—1）、平底内凹（图57—2）的，也有腹壁较直（图57—3）、腹壁斜直（图57—4）和腹壁圆弧近底部急内收（图57—5）以及高圆柱状实足（图57—6）的，大

---

[47] 该窑炉最早发掘于1977年，资料发表于《文物》1980年第11期《景德镇湖田窑考察纪要》一文，后经江西省文物考古研究所重新对该窑炉进一步清理、测量和绘图，见《景德镇湖田窑址》（上），文物出版社，2007年版，第43-44页。

[48] 张文江《洪州窑》，文汇出版社，2002年版，第140、142页。

[49] 江西省文物考古研究所等：《景德镇湖田窑址》（上），文物出版社，2007年版，第409—415页。

多为灰白或白色瓷胎，外腹壁多见轮旋痕。

垫饼 明代称为"泥饼"，清代称为"渣饼"。是用黏土加粗和料制成，用来置于碗的圈足内和匣钵中作仰烧时用的饼状或圈状物，形状以圆饼形为主，也有环圈形、圆柱形和环柱形等。高低大小也不一，随圈足大小而定，但必定比器物的圈足要小要高，使其足壁悬空，防止圈足之釉与匣钵相黏。由于是用这种小而高的垫饼烧，所以北宋早、中期碗、盘的圈足内底都有酱褐色垫饼遗留之痕迹（图58），而且成为断代的重要依据之一。到元代，其垫饼变得大且薄，是一种大于碗足的饼状物，再在上面撒上一层高岭土与谷壳灰的粉末，最后把碗、盘坯件的圈足直接放在粉末上。至于宋代的仰烧瓷器为什么不使用元代的大于器物圈足的薄垫饼或垫沙，而要把制品的圈足套在小而高的垫饼上使足壁悬空呢，这就和所用釉料成分有关了[50]。从专家对宋、元瓷釉所作的测试来看，宋人使用的青白釉属重石灰石釉，釉中氧化钙的含量达14%，元代人使用的卵白釉则属石灰碱釉，釉中氧化钙的含量只有5%左右。由于宋代的青白釉高温下黏度小而易流淌，容易和接触物胶结，故需使挂釉的足壁悬空；而元代的卵白釉在高温下黏度大，不易流淌，故可将圈足直接置于垫饼上的粉末或沙垫上。

支圈 始创于北宋定窑，是为了适应覆烧法而出现的一种特殊窑具。景德镇窑大量采用支圈烧瓷是在南宋的中、晚期到元代早期，显然是向定窑学习而来。所谓"支圈"，就是一种断面呈"L"形的白色瓷质的弧形圈状物，当地窑工们俗称之为"筷子头"，有学者将这类窑具称为"支圈组合式的覆烧窑具"。湖田窑出土的支圈，最多的为十二级，且多为紫色粗砂胎。只是，这种环状式支圈因开窑时须敲断才能取出烧成品，所以在窑址中很难见到完整的支圈。

匣钵垫或盖 是覆烧时匣钵的盖或垫，其形状多为大而厚的圆饼形，也有带足饼形、内凹饼形、钵形和喇叭形等。

泥照 或称泥照子，当地人多称为试镜子，是用来验证瓷石质量和胎与釉配合的效果情况。由于各地瓷石矿的质量有异，胎与釉的适应性和收缩率不尽相同，所以必须将两者配合试烧后才能检验其瓷化效果。这种瓷泥照子，多是片状，或是碗、盘之残底状，均需先在坯胎上刻上此瓷泥的出处（矿山名）或瓷泥加工作坊的主人名，再施釉与产品一道入窑焙烧，烧后就知成瓷和胎釉结合状况的好坏。早年在湖田窑址就出土有多件刻铭的青白釉瓷泥照子[51]，照子上分别刻有"进坑""郑家泥""试下项泥""记号"（图59）以及"丘小六泥房"（图60）等铭记，后来的湖田窑址历年发掘中，又出土一批带

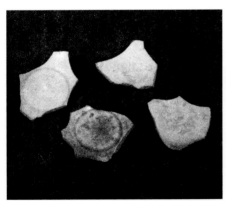

图59.带刻铭的青白釉瓷泥照子

图60."丘小六泥房"铭瓷泥照子

[50] 刘新园《景德镇湖田窑各期典型碗类的造型特征及其成因考》，《文物》，1980年第11期。

[51] 江建新：《景德镇宋代窑业遗存的考察与相关问题探讨》，《景德镇出土五代至清初瓷展》，香港大学冯平山博物馆，1992年。

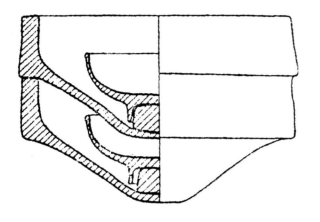

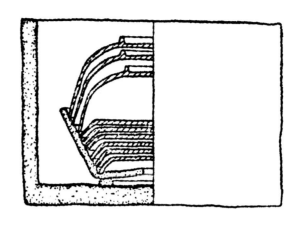

图61.北宋早中期仰烧示意图　　　　　　　　　　　　　　图62.北宋晚期至南宋初期阶梯型垫钵覆烧装匣示意图

陶工姓氏名的刻铭题记，如"凌小七子黄泥""史小六泥""赤泥""进坑吴小五"等[52]，所谓"进坑""郑家""下项"均为今景德镇南河一带的瓷石矿产地，蒋祈《陶记》中就有"进坑石泥，制之精巧，湖坑、岭背、界田之所产已为次矣。比壬坑、高砂、马鞍山、磁石塘厥土、赤石，仅可为匣、模，工而杂之以成器，则皆败恶不良，无取焉"的记载。"丘小六泥房"的"房"字尽管尚可存疑，但"丘小六"和"凌小七子""史小六""吴小五"等都是加工瓷石作坊的主人名应是无疑的，可知宋代景德镇就有专门从事瓷胎原料加工炼制的作坊及工场，知道了作坊主也自然就知道瓷泥的产地。

火照　又称试片、试火具、火标、试火板、火牌等，但统称照子。是专门用来测试窑温火候以及瓷器焙烧时生熟程度的窑具。一般都是利用碗、炉、枕及其他器类的残次器坯片改做成，形制有碗形、长方形、方形、梯形、多边形等，但多见的为三角片状，上平下尖，上端均有圆孔，并施釉。蒋祈《陶记》中载："火事将毕，器不可度，探坯窑眼，以验生熟，则有'火照'。"

（2）装烧方法

宋元时期青白瓷器的装烧方法，随着时代的不同而不断变化和发展，刘新园等曾以碗、盘、碟等圆器为例，对其各时期的装烧工艺进行过深入考察、研究和复原[53]，这不仅为我们研究景德镇瓷器工艺史打下了科学的基础，而且为我国古瓷的研究拓开了一条前景宽广的新路。

1.北宋早中期的"仰烧法"

宋代就称为"仰烧法"（蒋祈《陶记》："或覆、仰烧焉"），现

在陶瓷考古界称作"支烧"或"垫饼烧"。其装烧方法是：把垫饼放入已烧成的匣钵内——用双手托起碗坯（碗口与匣壁之间的空隙约为3.6厘米，疑为用手托坯）装入匣钵，把碗的圈足套在垫饼上——把装有碗坯的匣钵逐件套装送进窑室焙烧（图61）。

2.北宋晚期至南宋初期的"阶梯形垫钵覆烧法"

当今陶瓷考古界还有称景德镇窑的这种覆烧法为"阶梯式支圈烧法"，有的称组合式支圈覆烧法。其装烧方法是：先用瓷泥做好内壁分作一级或数级的盘或钵状物，都呈阶梯式；在钵或盘状物的垫阶上撒上一层薄薄的针状耐火粉末（谷壳灰），目的是使碗（盘）口不致与垫阶黏接；先把一件口径较小的芒口碟扣在钵（或盘）状物的最下一级垫阶上，再依次扣置直径由小而大的碗坯，直到扣满最上最大的

[52]　江西省文物考古研究所等：《景德镇湖田窑址》(上)，文物出版社，2007年版，第431—437页。

[53]　刘新园《景德镇宋元芒口瓷器与覆烧工艺初步研究》，《考古》，1974年第6期。

一个垫阶为止；再把一个泥质的垫圈放在桶式平底匣钵中，然后把扣好了碗坯的钵（或盘）状物放在垫圈上，即可堆叠装窑（图62）。

据现有陶瓷考古资料，覆烧工艺最早出现于东晋时洪州窑瓷钵的对口扣烧[54]，到北宋早期，河北定窑的覆烧技艺更趋成熟，也较先进。而在南方的景德镇，早在北宋中期就已开始采用前述的这种"阶梯形垫钵覆烧法"，如在湖田窑的北宋中期堆积中就发现了多级覆烧垫盘和青白釉芒口盘、碟[55]，只是使用不很普遍而已，直到北宋晚至南宋初才广为盛行。这种"阶梯形垫钵覆烧法"与同时并存的"仰烧法"相比，产品的变形率有所减少，装烧密度较大，但覆烧法的

最大缺陷是给碗、盘的口沿留下一线粗糙的瓷胎，即后人所称的芒口、毛边或涩口瓷器，尽管当时的有钱人可用铜或金、银包住芒口使用，但广大平民百姓只能芒口用之。此外，谷壳灰的使用，标志着宋代景德镇的陶工已在有机物谷壳中找到了一种别致而又有效的耐火材料，这种材料至今尚在使用。

3.南宋中、晚期的"环状支圈覆烧法"

这是一种不见于前代的巧妙的覆烧方法，有的称为"环状式支圈覆烧法"。其装烧方法如下：以大而厚的泥饼为底→把一个用瓷泥做成的断面呈"L"形圆形支圈放在泥饼上→在支圈的垫阶上撒上一薄层谷壳灰→把一

件碗坯的芒口倒扣在垫阶上→再在下一圆形支圈上置一圆形支圈→又将一碗坯的芒口倒扣在第二个支圈上，这样一圈一碗地依次覆盖，湖田窑至今发现的最多达12个左右的圈与碗(据早年调查则发现最多有达32个的)最后把圆心下凹的泥饼翻转过来覆盖在最上一个圈上，即组成一个上下直径相同的圆柱体（从外观上看）。用稀薄的耐火泥浆涂抹外壁，以便封闭空隙，连接支圈，就可叠压装窑（图63）。

显然，这种"环状支圈覆烧法"，与前面的"阶梯形垫钵覆烧法"相比较，都是覆烧，但用此环状支圈组合法装烧的坯件不是大小有序，而是大小规格相同，主要是碗、盘类饮食器，虽也不能改变碗、盘产

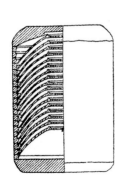

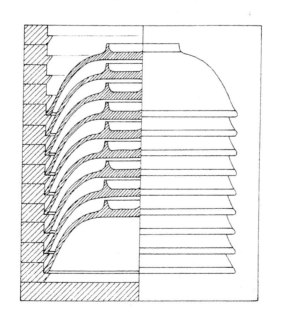

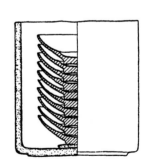

图64.元代涩圈叠烧示意图

图63.南宋中、晚期环状支圈组合式覆烧窑具装烧示意图

[54] 张文江：《洪州窑》，文汇出版社，2002年版。

[55] 曹建文《关于中国古代瓷器覆烧工艺的几个问题》，《中国古陶瓷研究会一九九五年会论文集》，《文物研究》，第10期。

品芒口的缺陷，但它已不需要依赖匣钵，就能装烧同一规格的产品。如果再与北宋早期的仰烧法相比较，能增加装烧密度（竖向）4倍以上，并有减少变形、节约燃料和耐火材料等优点[56]，所以，"环状支圈覆烧法"是湖田窑窑工们的又一次重大的工艺的改革创新，它成了南宋中、晚期风行一时的最主要的装烧方法，从而得以满足当时社会的大量需求。

4.元代的"覆烧"与"刮釉叠烧"

元代景德镇湖田窑的瓷艺匠师们创造发明了卵白釉"枢府"瓷和制作高档的青花瓷器，这些高级的瓷器品种都是采用匣钵单件仰烧法烧成，而此时的青白瓷或黑釉器则主要采用南宋中、晚期以来盛行的"环状支圈覆烧法"和新的一种所谓"刮釉叠烧法"。

"支圈覆烧法"和南宋时的烧法基本一致，只是圆形支圈由宋代的瓷质变为缸钵泥质，这时的青白釉芒口瓷器也多质粗釉劣。到元代后期，这类窑具和装烧方法在景德镇窑也淘汰了。

"刮釉叠烧法"，有的称为"涩圈叠烧法"或"刮釉烧"。从有关考古资料看，福建德化窑早在北宋时就已采用[57]，耀州窑也使用于金代[58]，景德镇窑则到元代才开始采用，主要烧造青白瓷器。此种"刮釉叠烧法"，

也是在桶式平底匣钵中叠烧，只是产品重叠时，已不用支钉间隔，而是把产品底心的釉面刮出一个露胎的涩圈，再把上一个碗、盘的不挂釉的底足放在下一个碗、盘的涩圈上，这样依次重叠到10个左右再装入桶式匣钵叠压装窑（图64）。

这种刮釉叠烧法，优点是消耗耐火材料少，装烧密度大，虽碗心有露胎的缺陷，但比起覆烧法而烧成的芒口器更好用，外观也更好。

（三）湖田窑青白瓷的鉴定与辨伪

在充分熟悉和掌握上述湖田窑青白瓷器的器类造型、装饰纹样和工艺手法等基本知识的基础上，我们来进行宋元景德镇青白瓷的鉴定与辨伪就有了必备条件和坚实基础。

（甲）青白瓷的鉴定

前已述及，宋元时期，青白瓷的烧制以江西景德镇窑为中心，不仅扩展到江西大部分地区，而且分布于大江南北近20个省区106个市县。虽然南北各地的青白瓷窑场大都是在景德窑的陶瓷技艺影响下而仿烧的，但由于各地的瓷土、釉料资源、文化习俗乃至制瓷传统的千差万别，因而烧制出的青白瓷产品，其造型、釉色、釉面光泽度、装饰纹样和风格等都不尽相同，即或造型

一样的器型，在另外一些方面诸如釉色或图案就不一定完全一样，这就不仅要掌握景德镇湖田窑青白瓷器的特点和规律，还要熟悉其他各地青白瓷窑口产品的特点，才能对窑口作出准确的判别。这里，限于篇幅，对南方其他省区的青白瓷窑口恕不展开讨论，仅拟以江西几处较大型的诸如南丰白舍窑、赣州七里镇窑和吉州永和窑为例[59]，对其青白瓷产品与景德镇湖田窑青白瓷的主要区别作一简要考析，供大家鉴别时参考。

位于赣东的南丰白舍窑是宋代赣境地区闻名遐迩的大型青白瓷窑场，它始烧于北宋早期，盛烧于北宋中、晚期至南宋早期，衰落于南宋晚至元。在南宋蒋祈《陶纪》中就曾载及能与景德镇窑争夺瓷器市场的就有南丰窑，今四川遂宁金鱼村瓷器窖藏中也出土多件南丰窑青白瓷产品就是有力证明，可见南丰窑宋时瓷器烧造的规模与水平。南丰窑宋代产品有青白瓷、白瓷和粗白瓷之分。青白瓷和白瓷的胎质较为洁白细腻，粗白瓷的胎质比较粗糙，且绝大多数器物的胎骨都较粗疏，手感也较轻松。釉色一般偏白，显得比较白净，故有"白舍白瓷"之称谓，但又不是那种纯白之器，而是多呈月白、牙白、米白和卵白之色，与景德镇湖田窑的如冰似玉、光洁细腻的青白瓷釉色判然有别。器类和造型与湖田窑大同小异，但亦有自身的一些风格，以流行的注

[56] 刘新园《景德镇宋元芒口瓷器与覆烧工艺初步研究》，《考古》，1974年第6期。
[57] 福建省博物馆：《德化窑》，文物出版社，1990年版。
[58] 陕西省考古研究所《陕西铜川耀州窑》，1959年版，第58页。
[59] 余家栋《江西陶瓷史》，河南大学出版社，1997年版。

碗为例，白舍窑的执壶高颈曲把，注碗也多作瓜棱形，但总的造型就不如湖田窑那样曲折多姿、玲珑秀美，特别是器表不重雕饰，纽多作宝珠状，与景德镇湖田窑的注碗器身多有精细的图案装饰和盖多为狮纽形（当然，赣州七里镇窑的注碗也有作狮纽盖的）的做法有明显区别。器类中，堆塑长颈瓶是南丰白舍窑的代表性产品，它为江西宋元墓葬中常见的这种明器神煞器类的烧制窑口提供了实物依据。白舍窑的装饰技法以刻划为主，但远不如景德窑装饰手法灵活多样，图案繁复。在白舍窑的产品中，发现有的碗、盘、碟的口沿施有一周酱褐釉，好像给器皿的口沿镶上一周金银边，这是白舍窑的一种独特装饰技法，其他窑口甚为少见。装烧方法主要采用漏斗形或圆筒形匣钵单件仰烧，以垫圈或垫饼垫烧，也发现有垫圈法或芒口覆烧法。用垫饼垫烧，其器外底同样也有含铁元素较高的褐咖啡色垫饼痕，只是痕迹色较浅，也没有湖田窑那样普遍。

地处赣江上游的赣州七里镇窑，始烧于晚唐五代，主要制烧青瓷和乳白釉瓷，入宋以后，主要烧造青白瓷、乳白瓷和黑釉瓷，南宋以后至元则以烧造酱色釉瓷和褐黑釉器为主，兼烧部分青白瓷。该窑的青白瓷胎土白度较高，淘洗较细，故有的胎骨坚致。釉色虽也青中泛白，白中显青，但较普遍带有一层粉青的色调，与景德镇湖田窑的典型青白瓷产品相比较，湖田窑的釉面光洁滋润，色泽天青；七里窑则釉面肥厚纯净，色现

粉绿，正如有的陶瓷史学者在深入比较后确切地指出："景瓷釉色以天青滋润取胜，而七里瓷则以粉绿纯净见长。"青白瓷器的造型和风格大部与南丰白舍窑相接近，但仍有自身的一些风格。其器型主要有碗、盏、碟、杯、盘、钵、罐、瓶、注碗、灯盏、鸟食罐和粉盒等，大部分为圆器，还有一部分琢器，如仿铜器的兽面五蹄腿炉、镂空熏盒和刻花枕等。瓷枕的枕面多呈凹弧，两端起翘，枕面刻花纹，更有的枕体呈桃形，枕边镂孔，为其他窑所少见。装饰图案方法以刻划手法为主，常见的纹样有菊瓣、牡丹、缠枝朵花和婴戏纹等，前已介绍过的如七里窑出土的孩儿婴戏纹盘（图41—②）不仅孩儿双双穿戏于花枝丛中，刻画生动，而且其孩儿的衣着神态和装饰风格明显与景德镇湖田窑的婴戏纹样有别。

位于赣江中游的吉州永和窑是中国南方一座著名的综合性大窑场，它始烧于晚唐五代，发展于北宋，鼎盛于南宋，宋末元初一度衰退，元代继续烧造，终烧于明代中晚期。其产品种类多样，有青釉瓷、青白瓷、黑釉瓷、彩绘瓷、黄釉瓷和绿釉瓷等，其中以天目黑釉器和彩绘瓷称雄瓷苑，极负盛誉。青白瓷器始烧于北宋，延及南宋至元，一直都有烧制，但不是其主流产品，精细者也不多，故为一般所忽视。青白瓷的胎骨多较粗松，尤其南宋以后，胎多呈浅灰、米白或米黄色，偶夹有细沙。釉色多显黄白，有的泛浅灰调，不甚光洁，普遍带乳浊状，故有的陶瓷著作中称永和窑的青白瓷为乳白瓷，实际

都应属青白瓷系的范畴。北宋时期的青白瓷有碗、钵、盏、盘、高足杯和器盖等，碗、钵、碟等施釉一般不及底，底足切削也较粗涩。南宋时的青白瓷器多芒口覆烧器，如碗、盏、碟等，且多施满釉。有的芒口碗，大平底，底足多为窄圈足；有一类碗、盘等圆器，内壁压印有规则的图案，边沿压印一周回纹边，底中心则印凤穿牡丹、双鱼戏水、水生莲花、缠枝花卉和朵梅等图案。不少碗内底多戳印有"吉""记""太"字，或酱釉书"吉""记""福""禄"，少数器书"慧""太平""本觉"等铭款。元代青白瓷的主要器型有碗、碟、高足杯和玉壶春瓶等。高足杯、玉壶春瓶、芒口大平底印花碗和芒口双鱼纹印花碟等都是元代典型断代器。

总之，江西其他各地的一些青白瓷窑场烧制的宋元青白瓷器，都比景德镇湖田窑烧制的要逊色，虽然南丰白舍窑等有时也曾烧造过一些质量较好的青白瓷细品，有的甚至可和景德诸窑烧制的相媲美，但是其绝大部分青白瓷产品都无法与"莹缜如玉"的景德镇湖田窑青白瓷相比。当然，景德镇湖田窑之外江西境内乃至南方各省区的诸多青白瓷窑之间的产品都有千差万别，都有其不同程度的自身风格和特点，都需要我们仔细认真地予以鉴别。

（乙）青白瓷的辨伪

随着市场经济的发展，特别是自20世纪80年代以来，一些不法者在疯狂盗掘、走私古陶瓷的同时，还大量仿制一些历代名瓷，其中也包括一些青白瓷器，近些年来，这种仿古之风

更是愈演愈烈，仅景德镇的私人仿古作坊就不知其数，有公开的，更多是地下的，因而谁也统计不出一个准确的数据。故此，不仅在江西，就是在北京、上海、广州等一些大、小古玩市场上，那种仿制的青白瓷赝品可以说是俯拾皆是。在仿制过程中，由于利益的驱使，一些高仿"专家"和行家里手，"刻苦钻研"并借用一些高科技手段，从青白瓷的造型到纹饰甚或工艺都仿制得惟妙惟肖，以至几乎达到了乱真的程度，为此，如何准确地鉴别它们是真品还是赝品，以确保国家和个人利益，同时维护其科学和艺术品的严肃性，已成为文物科技部门刻不容缓的紧迫任务。

首先，识别陶瓷是真品还是新仿赝品的传统方法，就是所谓的"眼学"观察法。这种传统的方法，具体说就是通过眼观、手摸、耳听等感观手段，从陶瓷器的诸多特征包括造型、纹饰、胎体、釉色、铭款、重量、音色、包浆（土锈）、旧痕和光泽等进行综合鉴别、分析与判断。这是陶瓷辨伪的一种最基本方法，也是当今最流行的方法。

鉴别景德镇窑青白瓷的真伪同样也是如此。

先要认真用眼或用放大镜仔细观察其造型是否符合古瓷特征，胎质是否细腻，器体是否体薄透光，这是第一步。

如果上述这些都符合的话，则要特别关注其器表釉色，釉色如何是判别真古与新仿品的关键，也是作伪者较难过的一关。一般新仿瓷品出炉后，器表釉色首先给人的感观就是崭

新发亮，俗称"贼光"，作伪者为了作旧退除贼光，传统的方法是使用兽皮用手工反复打磨退光，现今新的方法是用现代化学材料"氢氟酸"按比例兑水稀释，用刷油漆的排笔刷于瓷器表面，一个多小时后贼光就会逐渐退掉。用兽皮反复打磨的作旧效果要比用化学材料好，而且显得更自然。经过上述方法作旧后的瓷品，稍有大意，就易蒙混过关，难以辨识。为此，要辨别一件青白瓷品的釉色是否纯真，不仅要用双眼观其釉面是否滋润光洁，色泽青白，观其积釉浅处是否釉显青白，积釉深处是否呈色青绿，还特别需要用手抚摸，即手感如何。如果手一摸过去器表光洁釉净，犹如触玉一般，则说明釉色纯真的可能性较大；反之，如果是经过化学材料作旧过的瓷品，用手摸其器表必定不甚光滑，甚至发出极轻微的"噈！噈"声。当然，这种手摸还要和眼观结合进行，才能作出科学的判断。

如果器型、胎体甚或釉色经过眼观、手摸都基本无疑点的话，那就要观其装饰图案了。景德镇青白瓷纹样的种类、组合、布局、装饰手法及其刀法风格特征，也是作伪者最难仿的一关，只要我们细心地反复观察、比较和分析，也是能辨别其真伪的。如果是新仿赝品，必定会发现此间或彼处的破绽，以宋代景德镇湖田窑青白瓷上最流行的刻划纹饰为例，昔日陶艺师系采用"半刀泥"手法，线条挥洒流利，篦状纹转折自如，而且疏密有致，宽窄有律，故而其纹样生动活泼，充满魅力，新仿者虽也极力想达到这种艺术效果，但往往刀笔并不那

么洗练，不是此处线条交叉，就是那处双线重叠，甚至成片刀痕紊乱，即或是仿古高手，往往也只能模仿刻划其"形"，而刻划不出其"神"，所以，鉴定时只要我们细心审视，还是能识别真伪的。

辨别青白瓷真伪，还有一条就是要注意瓷品的胎足。作伪者为了作旧，往往在底足露胎处用烟叶水或浓泡的茶叶水反复涂刷，效果不错，需予特别注意。鉴于北宋中、晚期景德窑多采用一匣一器的垫饼垫烧法为主烧制青白瓷圆器，由于垫饼含铁量较高，故碗、盘等圆器的外底圈足内都普遍留有黑褐或酱褐色的垫烧痕，其垫饼痕深浅不一，浓淡自如，显得非常自然和谐，这是景德窑包括湖田窑青白釉瓷的重要特征之一，也是识别这一时期景德窑青白瓷真假的一个重要标志，而作伪赝品圈足内的垫饼痕往往偏黄色，有的就是用黄色甚或酱色笔涂上一圆圈，虽有的也故意涂得浓淡不一，但只要我们认真细致地琢磨比较，总会感到似人为造作，显得生硬呆板，很不自然和真切。

其次，识别陶瓷真古或新仿，除上述传统方法之外，就是运用现代科技手段和方法。

随着市场经济的发展，面对这些年来几可乱真的高仿瓷的大量出现，传统的陶瓷鉴定方法日趋显得力不从心了。再者，传统的鉴定方法，无法确定胎、釉成分；对器型、釉彩，甚或纹饰的叙述均无量化标准，因此，古陶瓷鉴定，也必须适应当今时代科学技术的迅猛发展，与时俱进，尽可能把一些现代科技手段运用到古陶瓷

鉴定上来，建立起科学完整的古陶瓷鉴定体系。

目前，国内的古陶瓷科技鉴定，主要是对陶瓷胎、釉成分、烧成温度、烧造时间、显微结构等方面进行测定、分析，采用的主要方法是用同步辐射X荧光、PIXE和X荧光、热释光、XRF定量分析等。近年来，有的学者还利用陶瓷釉面的化学和物理学知识，把纳米科技方法应用于陶瓷考古和鉴定，如在宋元青白瓷釉面数百纳米的尺度上观察到的烂气泡和其中的沉积物，就可获得其烧成温度、保存地以及是真古还是新仿等重要信息。

只是，有必要指出，上述两种古陶瓷鉴定方法是相辅相成的。在自然科学飞速发展的今天，如果仍固步自封，因循守旧，停留、满足于传统鉴定方法的话，那显然不可取，也往往是达不到目的的；反之，如果一味强调先进科技手段，而否定传统方法的功能及其强大作用，则更不可取。正确的应该是把传统的"目鉴"方法与新兴的"科鉴"方法紧密相结合，走多学科协作道路，才是解决问题的最终办法。

第六章

名品鉴赏

1.葵口盏 五代

葵口，弧壁，作六瓣形，小矮圈足。足壁有五个支钉痕。器内釉面无损，外壁口沿有匣钵黏渣，表明该器已非支钉叠烧，而是使用了匣钵单件支钉仰烧。全器内外施釉，釉白里泛青，有积釉现象，无开片，应是五代晚期的早期青白瓷制品。景德镇市工人新村窑址出土。

2.堆塑人物盒 北宋

扁圆形，子母口，矮圈足。盖面满饰缠枝牡丹和卷草纹；盒内堆塑以荷花蕾为中心，分塑有两朵盛开的荷花和一个小粉罐，罐对面塑一双髻女俑，其间还间塑有荷花、荷叶，并用莲茎连接，构成一幅繁而不乱、清爽美丽的图案。此盒设计独特，构思巧妙，加以胎质洁白，釉色明亮，白中闪青，是青白瓷器中难得的艺术珍品。江西德安景祐五年（1038）刘氏墓出土。

3.竹节纹褐色点彩盒 北宋

扁圆形，子母口，腹部呈竹节状，矮圈足。盖面饰一圆形圈和八块褐彩斑。造型规整，胎质细腻，釉质匀净，匣钵正烧。宋代青白瓷中褐彩装饰较为流行，它虽图案单调，但古朴典雅，呈现出浓重褐色调的美。江西德安皇祐五年（1053）程氏墓出土。

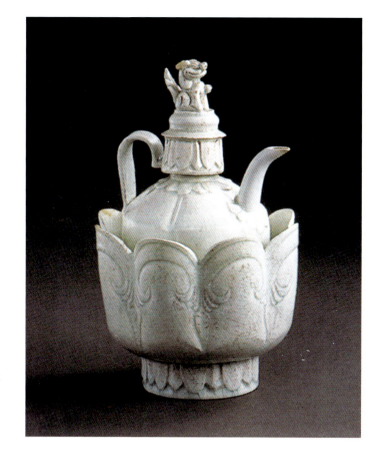

4.狮纽注碗　北宋

　　全器由温碗和注壶两部分组成，碗呈八瓣仰莲式，各花瓣的边缘饰如意云纹，圈足外表剔刻有覆莲纹；注子置于碗内，呈管状口，斜宽肩，六棱腹，矮圈足，前侧置弯曲流，后侧置扁平把柄，口部配一筒形盖，盖顶塑一蹲狮。造型新颖、制作精湛，高雅美观。安徽宿松元祐二年（1087）墓出土。

5.荷纹碗　北宋

　　敞口，斜腹壁，圈足。圈足内有圆形垫饼烧痕。内腹壁刻饰有盛开的荷花五朵，花瓣上饰以纤细的梳齿纹。胎薄洁白，釉润透光，青中闪白，是件典型的青白瓷佳作。江西德兴元祐七年（1092）墓出土。

6.莲纹碗 北宋

敞口，斜腹壁，小圈足。器内壁刻饰有两朵盛开的荷花，荷叶及枝茎清晰。刀法犀锐流畅，为典型的"半刀泥"斜向刀刻风格。藏上海博物馆。

7.梨形凹底盒 北宋

由盖和体组成一整体，呈带梗纽的梨形状。盖子口，盖面隆起有如深弧腹大碗作倒覆状，顶面中央凹下置梗茎纽。盒方唇，敛口，直腹壁上部略小于下部，外底足呈浅圈足内凹。胎白，除底足外满施釉，釉色青白，莹润亮丽，且釉层较厚。湖田窑址出土。现藏江西省文物考古研究所。

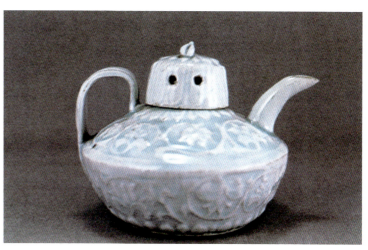

8.盖碗 北宋

敞口，口以下渐敛，高圈足，足内有支烧痕。碗盖呈大沿帽式，盖径稍大，可吻合于口，瓜蒂形纽。通体满施青白釉，光素无纹，滋润素雅。藏故宫博物院。

9.缠枝莲纹印花小把壶 北宋

体小，广折肩，浅削腹，平底，前有流，后带柄，口上有盖。盖壁双穿，可系绳连之于柄。肩和腹部印缠枝莲花卉，枝劲花繁，下衬珍珠纹为地，颈下和下腹近底各饰一圈覆仰莲瓣为栏，壶盖剔莲花一朵，顶心出纽作花蒂形。造型小巧，制琢精工，釉青现白，明澈温润，给人以明快清新之感。辽宁法库辽墓出土。

10.带座香炉 北宋

沿口平展，直腹作杯状，圈足外撇，圈足与炉体间以圆柱承接。腹外壁刻缠枝香草纹。胎质灰白，釉呈炒米黄。景德镇北宋时各窑都有出土。宋徽宗《听琴图》画中一供几上置有一造型相似的香炉，故知此种器型应为宋人佛礼或文士弹琴时焚香之用。

11.马鞍形婴戏纹枕 北宋

又称元宝形枕或"山枕",枕面中央作凹窝,前低后高,便于安卧。枕五面均刻划婴戏图案:枕面作双婴攀花,正面为双婴戏水,背面为一婴戏莲,两侧分别为一婴戏水。纹饰均刻于每面的大框内,构图疏密有致,线条流畅。枕底涩胎,唯枕右侧有五个支烧痕,当为竖向入窑烧成。景德镇市郊宋墓出土。

12.双龙逐戏枕 北宋

枕镂雕双龙追逐相戏,龙体浑圆有力,无比生动。上托如意形枕面,枕面刻划缠枝莲纹。造型规整,结构严谨,胎质坚细,釉润清澈,堪称青白瓷枕中的杰作。此类枕残片(包括龙、狮、虎枕)在湖田窑中常见,故应是湖田窑的产品。湖北汉阳宋墓出土。

13.胡人牵马俑 北宋

马膘肥健壮,昂首嘶鸣,尾结节上翘,马上配置鞍鞯和笼头等。两侧各立一胡人,均深目高鼻,上身着窄袖长衫,下衣撩起,足蹬皮靴。左俑双手执缰,作牵马状;右俑则执鞭作赶马状。显然,这是胡商和骏马一副长途跋涉之打扮,把阿拉伯商人那种不畏艰险的可贵形象塑造得栩栩如生,生动逼真。这是宋代中西贸易往来的珍贵实物例证。景德镇市郊新平镇毛蓬店宋墓出土。

14.褐彩十二生肖俑 北宋

　　十二生肖又称十二属相。这是宋时生肖俑的一种，文侍俑头戴平顶帽，额正中饰一"王"字，无须，身着圆领宽袖酱褐色长袍，腰束带，双手分别捧着牛、虎、龙、蛇、马、羊、猴、鸡、猪等十种生肖头部于胸前（已失手捧鼠和兔的文侍俑）。景德镇市郊新平镇毛蓬店宋墓出土。

15.莲纹碗　南宋

　　芒口，弧腹壁，矮圈足。腹外壁刻饰重瓣仰莲纹。造型规整，胎质细腻，釉色微泛黄。江西婺源庆元六年（1200）汪赓墓出土。

16.莲荷形碗　南宋

　　葵敞口，斜弧壁，矮圈足。内壁刻饰莲纹，外壁则从葵口起笔以流畅线条刻出六瓣舒展的荷叶，内外刻饰的有机组合，使整器犹如一盛开的荷花。该器构图巧妙，独具匠心，加以釉色翠绿，晶莹滋润，实为青白瓷中造型装饰与釉色三绝的精品。景德镇市郊宋墓出土。

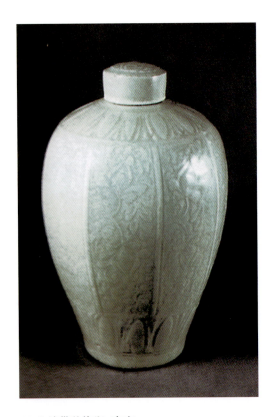

17.八棱带盖梅瓶　南宋

　　小口，带盖，丰肩，腹较深向下修削并呈八棱状，浅圈足无釉。盖顶印莲荷一朵，肩和近圈足处剔刻覆仰莲纹，腹间八面均满印缠枝莲花。釉白而泛青色。拍印和剔刻装饰技法并施一器，特别是带盖的梅瓶，尚不多见，当是南宋末至元初作品。藏广东省博物馆。

18.弦纹梅瓶　南宋

　　小口，丰肩，深削腹，圈足无釉处泛火石红色。颈饰凸弦纹一道，肩刻缠枝莲纹图案一周，并衬以浅细的排状形篦纹作地，腹至足饰双线重弦纹。整器既主题纹饰突出，又两相配合，十分协调，刻与划装饰技法兼用，加以满身施翠绿色釉，莹润如玉，更令人爱不释手。藏广东省博物馆。

19.花卉纹梅瓶 南宋

20.孩儿枕 南宋

　　枕座作榻形，一童子侧卧其上，双手握持荷叶梗茎，荷叶前后翻卷以作枕面，覆盖童子全身。孩童悠然酣睡，一派稚气。胎质白莹坚致，釉色青白，明亮光润。藏江苏镇江市博物馆。

　　短颈，侈口，肩部丰满，下腹收束，足外撇。器壁剔刻缠枝花卉，并以浅细梳齿篦纹为地纹。通体施青白釉，釉色淡青光洁。该器造型挺拔秀丽，对后来同类器皿影响较大。景德镇近郊宋墓出土。

21.镂空香熏 南宋

　　亦称熏炉。子口，直壁，平底，下置三个"丁"字形短足。盖作半圆球形，上镂空成缠枝牡丹状图案。熏炉壁饰一周重瓣莲纹。此炉设计新颖，制作精巧，是宋代常见卫生用器。江西上饶建炎四年（1130）赵仲湮墓出土。

22.连座瓷灯 南宋

　　灯作三层式：下层为低圈足，足外壁周刻曲折纹；中间一层为圆形托台，托台周圆作六柱围栏，栏杆、阑额和华板等刻线分明；托台中央即上层为一杯形盏，盏外壁印菊瓣纹，盏底正中为空管，管中部有一吸油孔。全器内外施青白釉，唯足底露胎。景德镇湖田窑址出土。

23.鳌鱼形砚滴 南宋

　　翘首，嘴微张，背脊作凹凸齿状，鳌腹平底。双目点褐彩，腹两侧剔刻鳞片纹。该器设计精巧，既可盛水作砚滴，齿状鳌背又可兼作笔架。景德镇湖田窑址出土。

24.加彩观音坐像 南宋

　　观音端坐，头戴发冠，右臂曲肘，手掌向上似托何物，左手抚膝，身着左袒袒胸宽袖长衣，下体着裙，胸前及手腕饰璎珞，神态安详肃穆。特别的是各部位所施釉色不一：衣襟、袖口及部分璎珞处施青白釉；脸、手、冠、衣等均涩胎无釉，使之更接近肤色；宝冠、衣裙等部分则加绘红、蓝及金彩，只因未经焙烧，惜多剥落。座下墨书"大宋淳祐十一年辛亥"楷款，是件有确切纪年的瓷塑艺术珍品。藏上海博物馆。

25.双鱼戏水盘 南宋

芒口，斜壁微弧，坦腹，平底。器内壁印有莲荷、蓼花和菰草等植物图案，周沿尚有弦纹和回字纹围饰；内底则模印双鱼同向比目戏水图，间有藻萍浮于水面。全器纹饰繁缛而精美，釉色青中显白如玉，加上原来口沿镶上银扣，不仅实用美观，还是件不可多得的艺术佳品。江西宜春市高士路出土。

26.道士坐像 南宋

道人束发戴冠，身披宽袖长衫，内着长裙坠足，腰束带，安坐于山石之上。右手执灵芝，左手置于膝上。右站一小鹿，左立一仙鹤。人物长衫均涩胎，唯山石施青白釉。道人面颊颇显清瘦，但表现出一副自守清静、超凡脱俗的悠闲神态。江西鄱阳咸淳四年（1268）墓出土。

27.堆塑长颈瓶一对 南宋

　　盂口，长颈，长鼓腹，圈足外撇。口部和肩腹相接处各塑一荷叶边附加堆纹，肩部塑贴泥条俑13个，颈部以多道弦纹为地，然后在两件瓶颈上分别贴塑龙和虎以及流云托日和龟蛇图案等。均配尖顶立鸟盖，一盖的鸟头朝上，一盖的鸟头朝下。江西南昌嘉定二年（1209）墓出土。

28.莲荷纹鼎式炉 南宋

直口，平外折沿，双矮立耳，短颈，浅圆腹，三兽蹄足微外撇。颈部饰卷云纹，腹部饰莲荷纹，装饰采用剔刻的手法，刀锋犀利流畅，技法熟练。胎质洁白，施青白釉，内外底不施釉露胎，外底留有黑褐色垫烧痕。此炉系仿古代青铜器而设计，型制古朴，装饰纹样既有古代的兽面纹，又有具浓厚时代气息的莲荷纹，两者有机地组合在一起，充分表现出陶艺家杰出的创作才能和高超的制瓷技艺。现藏四川遂宁市博物馆。

29.菊瓣纹圈足炉 南宋

直口，深直腹，矮圈足。口沿无釉，系镶银扣。外腹壁满剔刻有五层菊瓣纹。釉色匀净光亮，淡雅清新。湖北麻城出土。

30.龙纹碗 元

敞口，弧壁，矮圈足。通体施青白釉。外壁素面无纹，内壁碗心压印四爪单龙戏珠及云纹五朵。龙为张口、露牙、吐舌、竖角。形态逼真，纹样生动。江西永新窖藏出土。

31.云龙纹罐 元

盘口，短颈，丰肩，腹下部渐收，矮圈足。自口至底饰弦纹五道，肩部以下分别刻饰三层图案；肩部刻饰简练的缠枝花卉纹；腹部的主题纹样为双龙云游图；胫部则刻饰变体莲瓣纹。肩部两侧还贴塑铺首衔环。此器造型硕大，坯体厚重，纹饰流畅，釉色莹润，是元代景德镇湖田窑青白釉的代表作。藏上海博物馆。

32.玉壶春瓶 元

　　敞口，长细颈，鼓腹，矮圈足。器表以贴花和串珠作装饰，颈堆贴覆钟式纹；颈腹之间饰以云雷纹带相隔；腹部以串珠组成上仰如意云头纹，云头纹内上下分别环贴饰有"福如东海""寿比南山"两句吉祥语；腹下近底处四周贴饰梅花。胎质灰白坚硬，通体青白釉。玉壶春瓶为元代常见器，但该器装饰巧妙，风格独特。北京崇文区元墓出土。

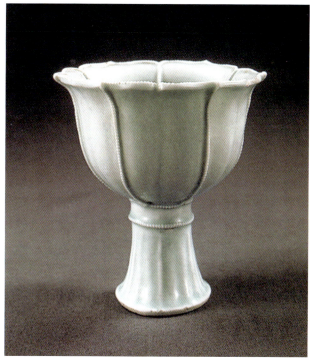

34.高足杯 元

　　由深腹杯和高圈足组成。杯口沿及腹部用缀珠纹作成六曲花瓣形，下承以下粗上细的竹节形高圈足，腹内底部堆饰莲瓣纹。胎质洁白细腻，釉色青白透亮，其式样别致，风格独特，是元代瓷器的典型造型。陕西西安出土。

33.十二生肖堆塑瓶 元

　　直口，短颈，椭圆腹，圈足外撇。肩部贴塑青龙、白虎、朱雀、玄武四灵，寓意四方。腹上部堆塑12个手棒十二生肖头部的文侍俑，腹下部则刻饰四季花卉，寓意天长地久。盖作笠帽式，且高耸挺拔，顶上立一振翅欲飞的小鸟。整个造型是宋以来赣境地区流行的那种长颈堆塑瓶的变异，它端庄秀丽，装饰丰富，釉色莹润光洁，实为元代青白瓷中的精品。景德镇市郊元墓出土。

35.《白蛇传》戏曲人物枕 元

枕呈长方形，平板式枕面微内凹，四倭角。枕身造型雕镂成一座仿木结构的彩棚戏台建筑，前后左右各有一个棚台，惟前后棚台更为宽敞，两侧彩门，窗口为透雕六瓣栀子花连弧图案，门枋两侧悬挂连球彩结，棚台前左右尚立窗栏花围，栏柱顶端饰仰莲图案，中央有台阶进入棚台。四个棚台内部雕塑有戏曲人物俑，它们正分别在表演《白蛇传》中的借伞、还伞、水漫金山和拜塔救母四段折子戏，布景道具毕具，人物生态毕肖，雕塑手法高超，它较完整地再现了元代戏曲舞台的真实面貌，是研究宋元时期杂剧艺术的重要实物资料。

整器胎质洁白致密，除枕底露胎外，满施青白釉，釉色莹润，略偏暗绿，并隐现出冰裂碎纹，是景德镇湖田窑元代戏曲人物枕的代表性作品之一。

36.卵白釉葫芦注子　元

　　整器呈葫芦形，完整无损。一侧带紧贴器身的长流，外伸延的流口略高于器口；对应的另一侧置扁圆弧形执柄。平实足。胎质洁白坚致，通体施卵白釉，釉面温润光洁，是元代卵白釉中的上乘之作。现藏江西高安博物馆。

图书在版编目（CIP）数据

中国古代名窑. 湖田窑 / 彭涛，彭适凡著. —— 南昌：
江西美术出版社，2016.5（2023.2重印）
ISBN 978-7-5480-4277-8

Ⅰ．①中… Ⅱ．①彭… ②彭… Ⅲ．①民窑－瓷窑遗
址－介绍－景德镇市 Ⅳ．①K878.5

中国版本图书馆CIP数据核字(2016)第069406号

总 策 划：陈 政

主　　编：耿宝昌　涂 华

副 主 编：王莉英

编　　委：（以姓氏笔画为序）

王建中　王莉英　王健华　叶文程　朱金宇　任世龙　刘 杨　刘 浩
汤苏婴　孙新民　杜正贤　李一平　余家栋　张文江　张志忠　张浦生
陈 政　林忠淦　周少华　赵文斌　赵青云　耿宝昌　郭木森　涂 华
彭适凡　彭 涛　谢纯龙　赖金明　霍 华　穆 青

责任编辑　窦明月　陈 波

助理编辑　林 通

责任印制　吴文龙　张维波

书籍设计　梅家强　先鋒設計 PIONEER DESIGN

电脑制作　江西华奥印务有限责任公司

中国古代名窑系列丛书
ZHONGGUO GUDAI MINGYAO XILIE CONGSHU

湖田窑
HUTIANYAO

著者：彭 涛　彭适凡
出版：江西美术出版社
社址：南昌市子安路66号
邮编：330025
电话：0791-86565819
网址：www.jxfinearts.com
发行：全国新华书店
印刷：浙江海虹彩色印务有限公司
版次：2016年5月第1版
印次：2023年2月第3次印刷
开本：965×1270　1/16
印张：9.75
ISBN 978-7-5480-4277-8
定价：100.00元